Thomas Schreiber, Christiane Giere
Individuelle Hilfeplanung in der Praxis

BALANCE **Beruf**

Thomas Schreiber, Christiane Giere

Individuelle Hilfeplanung in der Praxis

BALANCE **Beruf**

Thomas Schreiber, Christiane Giere
Individuelle Hilfeplanung in der Praxis
ISBN-Print: 978-3-86739-083-5
ISBN-PDF: 978-3-86739-854-1

Bibliografische Information der Deutschen Nationalbibliothek
Die Deutsche Nationalbibliothek verzeichnet diese Publikation
in der Deutschen Nationalbibliografie;
detaillierte bibliografische Daten sind im Internet über
http://dnb.ddb.de abrufbar.

BALANCE buch + medien verlag im Internet: www.balance-verlag.de
Für die Erlaubnis zur Verwendung der Boardmarker-Symbole in Arbeitsmaterial 1
danken wir Mayer-Johnson LLC.
The Picture Communication Symbols ©1981–2010 by Mayer-Johnson LLC.
All Rights Reserved Worldwide. Used with permission. Boardmaker™
is a trademark of Mayer-Johnson LLC.
Mayer-Johnson
2100 Wharton Street
Suite 400
Pittsburgh, PA 15203
Phone: 1 (800) 588-4548
Fax: 1 (866) 585-6260
Email: mayer-johnson.usa@mayer-johnson.com
Web site: www.mayer-johnson.com
Die Nutzung der Einladung in Leichter Sprache (Arbeitsmaterial 1)
erfolgt mit freundlicher Genehmigung des LVR-HPH-Netz Ost,
für die Erlaubnis, den Musterhilfeplan (Arbeitsmaterial 23 und 24)
zu nutzen, danken wir dem LVR.

© BALANCE buch + medien verlag, Köln 2014
Der BALANCE buch + medien verlag ist ein Imprint der Psychiatrie Verlag GmbH, Köln.
Dort war 2009 die Erstausgabe als Arbeitshilfe 27 erschienen.
Alle Rechte vorbehalten. Kein Teil des Werkes darf ohne Zustimmung
des Verlages vervielfältigt, digitalisiert oder verbreitet werden.
Lektorat: Ludwig Janssen, Köln
Umschlagbild und Umschlaggestaltung: GRAFIKSCHMITZ, Köln
Typografie und Layout: Iga Bielejec, Nierstein
Druck und Bindung: KN Digital Printforce GmbH, Erfurt

Vorwort des Autors   10

Vorwort der Autorin   13

Einleitung   14

Frau Adam, Frau Baier, Frau Benn, Herr Hansen, Herr Köster, Herr Minh, Herr Richter und Herr Wiebert   17

Wie ist dieses Buch aufgebaut und wie lässt es sich nutzen?   19

Was ist individuelle Hilfeplanung?   20

Das Hilfeplanverfahren   25

Individuelle Hilfeplanung und ICF   32

Was man wissen sollte, um die ICF für die Hilfeplanung nutzbar zu machen   33

Themen und Aktivitätsbereiche   34

Fähigkeiten und Probleme   35

Das bio-psycho-soziale Modell als Grundlage der ICF   37

Die ICF und das Metzler-Verfahren   45

Inklusion als Element der Teilhabe   49

Menschen mit Unterstützungsbedarf: Wie können sie dazu beitragen, dass individuelle Hilfeplanung gelingt?   53

Sich aktiv beteiligen   53

Unterstützung annehmen und Selbstbestimmung erhalten   57

Ressourcen aktivieren   58

Fähigkeiten zur Selbsthilfe und Hilfe aus dem sozialen Umfeld vorrangig beachten   58

Hilfen wieder loslassen können   60

Angehörige und Freunde: Wie können sie dazu beitragen, dass individuelle Hilfeplanung gelingt? 62

Ansprechbar sein und in Kontakt bleiben 62

Für sich selbst sorgen 63

Nachbarn und Mitbürger: Wie können sie dazu beitragen, dass individuelle Hilfeplanung gelingt? 66

Nachbarschaftshilfen anbieten und initiieren 66

In Bürgerhilfen mitarbeiten 68

Einrichtungen und Dienste: Welche Voraussetzungen müssen sie erfüllen und welche Aufgaben haben sie? 69

Der personenzentrierte Ansatz ist die methodische Grundlage 70

Eindeutige Beziehungsgestaltung 71

Betreutes Wohnen als koordinierende Prozessbegleitung 73

Tagesstruktur und Gemeinschaftsleben anbieten 74

Arbeitsmöglichkeiten erhalten und fördern 76

Beteiligung der Nutzer an der konzeptionellen Arbeit 77

Übernahme der Versorgungsverpflichtung 78

Wohnformen flexibilisieren 79

Kooperation der regionalen Einrichtungen und Dienste 81

Was sind Hilfeplankonferenzen und welche Aufgaben haben sie? 83

Plausibilität der Hilfepläne prüfen, begutachten und eine Empfehlung aussprechen 85

Einrichtungsferne Unterstützung fördern und die Berechtigung institutioneller Hilfen prüfen 87

Beteiligungen der Menschen mit Unterstützungsbedarf ermöglichen, aber nicht erzwingen 88

Welche Aufgaben haben die Kostenträger? 90

Mischleistungen anstreben 91

Nach dem Grundsatz »ambulant vor stationär«
handeln und finanzieren 91

**Wie setze ich individuelle Hilfeplanung methodisch
und praktisch um?** 93

Grundhaltung in der Hilfeplanung 93

Methodische Prinzipien 99

Vorstellung der Arbeitsmaterialien 104

Methodische Schritte zur Durchführung von Hilfeplangesprächen 115

Richten Sie Ihre Fragen auf die Zukunft aus 115

Erfragen Sie die gegenwärtige Situation 117

Finden Sie Fähigkeiten heraus und würdigen Sie diese 119

Erfragen Sie, wer oder was dem Menschen mit
Hilfebedarf bereits hilft 121

Erfragen Sie die Probleme bei der Lebensführung 123

Bringen Sie in Erfahrung, was den Menschen
daran hindert, so zu leben, wie er will 125

Stellen Sie Fragen zu bisherigen Erfahrungen
und was bei den Problemen bereits geholfen hat 126

Fragen Sie nach dem Umgang mit Krisen 127

Fragen Sie nach Erlebnissen und Erfahrungen
aus der persönlichen Geschichte 128

Wünsche und Ziele des Menschen mit Hilfebedarf
sind das Leitziel 129

Ermitteln Sie, welche Hilfemaßnahmen notwendig sind
und benennen Sie den Zeitaufwand 132

Überprüfen Sie den Hilfeplanprozess regelmäßig	133
Verfassen Sie den Hilfeplan und präsentieren sie ihn in der Hilfeplankonferenz	134
Zusammenfassung des Praxisteils mit Hinweisen zur Verwendung der Arbeitsmaterialien	135
Literatur und Internetquellen	**138**
Danksagungen	**141**
Autor und Autorin	**142**

ARBEITSMATERIALIEN IM DOWNLOADBEREICH

Arbeitsmaterial 1 Einladung zum Hilfeplangespräch, Menschen mit kognitiver Einschränkung

Arbeitsmaterial 2 Leitfaden für Hilfeplangespräche

Arbeitsmaterial 3 Gesprächsleitfaden für Menschen mit kognitiven Einschränkungen (ambulant)

Arbeitsmaterial 4 Gesprächsleitfaden für Menschen mit kognitiven Einschränkungen (stationär)

Arbeitsmaterial 5 Wohnen

Arbeitsmaterial 6 Lernen, Beschäftigung, Arbeit, Ausbildung und Schule

Arbeitsmaterial 7 Soziale Beziehungen

Arbeitsmaterial 8 Freizeit und Kultur

Arbeitsmaterial 9 Gesundheit

Arbeitsmaterial 10 Skala zur Einschätzung der Leistungsfähigkeit und zum Schweregrad der Probleme

Arbeitsmaterial 11 Umweltfaktoren

Arbeitsmaterial 12 Personenbezogene Faktoren

Arbeitsmaterial 13 Skala zur Einschätzung der Umweltfaktoren als Förderfaktor oder Barriere

Arbeitsmaterial 14 Therapeutisches Milieu

Arbeitsmaterial 15 Krisenfragebogen

Arbeitsmaterial 16 Fragebogen zur persönlichen Geschichte (Anamnesebogen)

Arbeitsmaterial 17 Begleitbogen zur Vorstellung von Hilfeplänen in der Hilfeplankonferenz

Arbeitsmaterial 18 Fragebogen zur Zufriedenheit

Arbeitsmaterial 19 Begleitbogen zur Vorstellung von fortgeschriebenen Hilfeplänen in der Hilfeplankonferenz

Arbeitsmaterial 20 Orientierungshilfe zur Hilfeplanung – Handreichungen für den Menschen mit Hilfebedarf

Arbeitsmaterial 21 Orientierungshilfe zur Hilfeplanung – Handreichungen für Angehörige

Arbeitsmaterial 22 Orientierungshilfe zur Hilfeplanung – Handreichung für Moderatoren einer Hilfeplankonferenz

Arbeitsmaterial 23 Musterhilfeplan des LVR (IHP 3) für Frau Benn

Arbeitsmaterial 24 Musterhilfeplan des LVR (IHP 3) für Herrn Wiebert

Alle Materialien finden sich auf www.balance-verlag.de/buecher/detail/book-detail/individuelle-hilfeplanung-in-der-praxis-2.html und auf der Internetseite von Thomas Schreiber: www.thomas-schreiber.eu

Vorwort des Autors

Dieses Buch ist 2009 als Arbeitshilfe 27 im Psychiatrie Verlag erschienen. Der Titel war und ist aber auch in der Neuausgabe Programm: Erfahrung, Orientierung, Hilfe und Material anzubieten, damit Hilfeplanung gelingen kann. Inhalte und Arbeitshilfen beruhen im Wesentlichen auf meiner Erfahrung als Akteur und Gestalter in der Gemeindepsychiatrie. In der vorliegenden Neuauflage habe ich die Texte überarbeitet, die Haltung und die Methoden der Hilfeplanung einfacher und deutlicher erklärt und inhaltlich aktualisiert.
Ein besonderer Gewinn war die Zusammenarbeit mit Christiane Giere. Sie hat ihre umfassende Erfahrung zur Hilfeplanung mit Menschen mit kognitiven Einschränkungen und Behinderungen eingebracht und die von ihr dazu entwickelten Arbeitsmaterialien zur Verfügung gestellt. Ihre Beiträge u. a. auch zur Verwendung des HMB-Verfahrens nach Heidrun Metzler sind in die Texte eingeflossen und erweitern das Spektrum.
Individuelle Hilfeplanung ist nach wie vor die Methode zur Ermittlung des Hilfebedarfs für Menschen, die ihren Rechtsanspruch für Eingliederungshilfe geltend machen wollen. Während der Planung wird deutlich, welche Maßnahmen notwendig sind, damit Teilhabe am gesellschaftlichen Leben gelingen kann. Das dabei Ermittelte geht regelhaft über die tatsächlichen Leistungen der Eingliederungshilfe hinaus. Individuelle Hilfeplanung bewegt sich daher im Spannungsfeld der Kostenregulierung und der tatsächlich notwendigen Hilfen. Zum einen stehen alle Akteure vor der Herausforderung, das im UN-Übereinkommen über die Rechte behinderter Menschen und in der ICF verankerte Verständnis von Inklusion, Partizipation und Teilhabe als Grundlage der Hilfeplanung und Hilfeleistung umzusetzen, zum anderen sollen sie kostengünstiger arbeiten. Das ist ein Dilemma, und die Akteure in den sozialen Netzwerken suchen noch nach geeigneten Wegen, es zu überwinden.
Bei der individuellen Hilfeplanung werden unterschiedliche Versionen von Hilfeplänen (Manuale) verwendet. Sie prägen die Art und Weise und die Methode der Hilfeplanung. Abzuwarten bleibt eine Art Gesamtplan, der ein einheitliches Verfahren in einer Form von

»Teilhabe-Management« abbilden könnte. Kennzeichen für eine solche Entwicklung ist, dass in der Hilfeplanung immer häufiger auf den Datensatz des ICF zurückgegriffen wird.

Als Reaktion auf die UN-Behindertenrechtskonvention entwickelt sich Inklusion zum neuen Paradigma der sozialen Arbeit. Menschen mit Unterstützungsbedarf haben das Recht auf volle Teilhabe. Dabei ist die Orientierung auf ihren Sozialraum, also der Ort ihrer Vorlieben und Beziehungen, die zentrale Aufgabe. Bereits in der ersten Auflage des Buches war – ohne explizite Verwendung des Begriffes – Inklusion der rote Faden. Wir greifen das Thema in diesem Buch auf und haben ein Beispiel aufgenommen, wie Inklusion mithilfe des Betreuten Wohnens gelingen kann.

Nach wie vor gibt es keine geeignete Bezeichnung für Menschen, die aufgrund ihrer Behinderung Hilfe von anderen benötigen. Die Forderung der UN-Behindertenrechtskonvention nach Inklusion fordert uns deswegen auch sprachlich heraus. Denn unsere Sprache trägt unvermeidbar zur Stigmatisierung bei. Wir unterscheiden beispielsweise zwischen normal und nicht normal, gesund und krank, behindert und nicht behindert. Bei solchen Gegenüberstellungen wird das Abweichende als das nicht Dazugehörige assoziiert und widerspricht dem Anspruch der gleichberechtigten Teilhabe.

Wir haben dafür keine optimale Lösung gefunden, und sprechen von Menschen, die Unterstützungsbedarf haben oder die Hilfe und Unterstützung benötigen. Dies verstehen wir als vorläufig. Menschen mit geistiger Behinderung haben kognitive Einschränkungen. Menschen mit einer psychischen Erkrankung sprechen von sich als Menschen mit Psychiatrie-Erfahrung. Wir verwenden den Begriff, obwohl nicht alle bereits die Psychiatrie erfahren haben. Für Menschen mit Suchterfahrung ist es hilfreich, dass ihr Problem als Erkrankung anerkannt ist. Am leichtesten scheinen sich Menschen mit einer körperlichen Behinderung mit der Bezeichnung »behindert« anfreunden zu können.

Wir erleben die Akteure im Feld psychosozialer Hilfen bei ihrem Bemühen, Wege und Methoden zu finden, um zu kennzeichnen, wo Gesundheit endet und Krankheit beginnt. Das ist in einer Zeit, in der wir die Risiken und Nebenwirkungen der kapitalistischen Gesellschaft hautnah erleben, nicht einfach. Das Verständnis darüber, was gesund und was normal ist, verändert sich. Unsere Erfahrung im Umgang mit Menschen, von denen man sagt, sie seien behindert oder psychisch krank, und ihren Helfern, bekräftigen uns in der Annahme, dass wir alle mehr oder weniger Störungen erfah-

ren, die sich nur graduell von dem unterscheiden, was die Menschen, für die wir tätig sind, auszeichnet. Sie prägen unseren Charakter, machen Abwehrmechanismen notwendig und wir suchen nach Erklärungen und Lösungen. Die Intensität der Suche und die Abwehrmechanismen bestimmen über den Grad der Gesundheit.
Wir erleben die Akteure unter einem enormen Druck, weil die persönlichen und beruflichen Anforderungen steigen. Beziehungen zu mehr Teilhabe zu gestalten heißt, mehr Verantwortung übernehmen, Partner in einem kommunikativen Prozess sein, moderieren statt bestimmen, sich fortzubilden, soziale und professionelle Netzwerke knüpfen, coachen statt betreuen. Das ist ein hoher Anspruch, der nicht immer eingelöst werden kann. Denn die Akteure arbeiten nicht selten bei Einrichtungen und Diensten, die im Umbruch sind. Das geht häufig einher mit befristeten Arbeitsverträgen, unsicheren Arbeitsplätzen und dem Risiko, dass sich die Arbeitsbedingungen verschlechtern.
In Zeiten der Komplexität kann es hilfreich sein, Dinge zu vereinfachen. Das ist unsere Intention bei der Hilfeplanung und unsere Motivation, das vorliegende Buch (neu) zu schreiben. Wir erleben Hilfeplanung als einfache Methode, die oft nur deshalb kompliziert erscheint, weil die Beteiligten die Absichten, Methoden und Ziele unterschiedlich auslegen und über Zuständigkeiten uneinig sind.
Hilfeplanung ist eine Methode, der Hilfeplan ist das Instrument. Dieses Buch möchte aber mehr sein als eine Gebrauchsanweisung. Denn Hilfeplanung verlangt die Bereitschaft, sich auf die Methode einzulassen und eigene Erfahrungen, Kreativität und Wissen einzubringen. Wir möchten deswegen auch eine bestimmte Philosophie und Haltung beschreiben. Denn erfolgreich ist man dann, wenn man ein »Instrument« mit Herz, Können und Verstand spielt. Damit erreicht man Menschen, erfährt positive Resonanz, sorgt für Zufriedenheit und erfährt sich selbst als sinnstiftend. Deswegen macht es uns auch Spaß, zu kommunizieren und zu kooperieren.

Thomas Schreiber

Vorwort der Autorin

Als Hilfeplan-Koordinatorin in einer Einrichtung für etwa 500 Menschen mit kognitiven Einschränkungen treffe ich jeden Tag auf Menschen, denen es nicht möglich ist, sich mithilfe verbaler Kommunikation umfangreich zu ihrem Leben zu äußern. Meine Aufgabe ist es, die Individualität des Einzelnen zu erkennen und im Hilfeplan zu beschreiben (personenzentrierter Ansatz).
Um diesen Menschen eine Möglichkeit zur Äußerung ihrer Ziele und Wünsche zu ermöglichen, habe ich Arbeitsmaterialien entwickelt, die den individuellen Bedürfnissen und Fähigkeiten der Menschen mit kognitiven Einschränkungen gerecht werden. So wird die Hilfeplanung zum Instrument, um die Individualität des Einzelnen zu berücksichtigen und die notwendigen Assistenz- und Unterstützungsleistungen dem Kostenträger gegenüber fachlich zu begründen. Diese Arbeitsmaterialien und meine Erfahrungen im Umgang mit den Menschen im Hilfeplangespräch sind als Ergebnisse in dieses Buch eingeflossen.
Mein besonderer Dank gilt den Menschen, die »hinter« den vorgestellten Hilfeplänen stehen. Sie leben in einer Wohneinrichtung mit sogenanntem hohem sozialen Integrationsbedarf. Es handelt sich um Menschen, die aufgrund ihrer herausfordernden Verhaltensweisen im sozialen Miteinander besondere Unterstützung benötigen. Sie leben trotz ihrer Behinderung in der Gemeinde, sind dort bekannt und akzeptiert. Sie gehen einkaufen, in Cafés und Restaurants und zur Sparkasse und leben ihr Recht auf Teilhabe. Es war mir ein besonderes Anliegen, meine Erfahrungen der individuellen Hilfeplanung mit diesen Menschen im Buch beispielhaft vorzustellen.

Christiane Giere

Einleitung

Das Anliegen dieses Buches ist es, praxisorientiert aufzuzeigen, wie Menschen mit einer geistigen oder körperlichen Behinderung, mit Psychiatrie-Erfahrung (psychischer Erkrankung) oder einer Suchterkrankung Teilhabe am gesellschaftlichen Leben ermöglicht werden kann. Der hauptsächliche Nutzen sind die Arbeitsmaterialien, die aus praktischen Erfahrungen entwickelt wurden. Die Beispiele stammen aus der Hilfeplanung (IHP 3) des Landschaftsverbandes Rheinland (LVR), den dort angewandten Verfahren und Formularen. Hilfeplanung wird mit dem IHP 3 als Teilhabeplanung verstanden. Der Begriff greift die Diskussion über die UN-Behindertenrechtskonvention auf, und erweitert die Hilfeplanung um wesentliche Elemente der ICF. Als Muster dient der im Rheinland verwendete Hilfeplan IHP 3, der ausgefüllt als Arbeitsmaterial 23 und 24 auf der Internetseite des Buches als Download erhältlich ist.

ICF heißt übersetzt »Internationale Klassifikation der Funktionsfähigkeit, Behinderung und Gesundheit« und wurde von der Weltgesundheitsorganisation (WHO) auf den Weg gebracht. Weltweit haben Experten umfassende und unterschiedliche Faktoren zusammengetragen, mit dem Ziel, genauer zu bestimmen, was Gesundheit ist, welche Faktoren berücksichtigt werden müssen und wie sie Einfluss auf die menschliche Gesundheit nehmen. Herausgekommen ist u. a. ein Kriterienkatalog, der sich in besonderer Weise für die Verwendung bei der individuellen Hilfeplanung eignet. In diesem Buch werden daher wesentliche Elemente der ICF aufgegriffen und in Arbeitsmaterialien zur Verfügung gestellt.

Das Hauptaugenmerk unseres Buches liegt auf dem Nutzen der Hilfeplanung zum selbstständigen Wohnen in der Gemeinde. Dafür dienen uns Menschen als Beispiel, die in einem Wohnheim oder in einer eigenen Wohnung leben.

Das Buch richtet sich an alle, die an der Umsetzung individueller Hilfeplanung beteiligt sind: An die Menschen, die Unterstützung benötigen, ihre Angehörigen, Freunde und Nachbarn, Mitarbeiter der Einrichtungen und Dienste, die Hilfen anbieten und Mitarbeiter der Kostenträger. Es ist eine Hilfe zur Teilhabeplanung. Teilhabeplanung beginnt dort, wo der Mensch steht, und hört auf, wenn Hilfen nicht mehr notwendig sind.

Hilfe- und Teilhabeplanung heißt, den Menschen mit seinen Fähigkeiten und seinem Hilfebedarf in den Mittelpunkt zu stellen, in dem Bewusstsein, dass die Qualität von Hilfen von der Qualität der Beziehung der handelnden Menschen abhängig ist. Werden Kontakt- und Hilfeangebote positiv aufgenommen, kann man davon ausgehen, dass Fähigkeiten zur Selbstheilung leichter aktiviert werden können. Jeder Mensch hat dieses Potenzial und verfügt über die Motivation, sein Leben zufrieden zu gestalten. Werden ihm stimmige und kontinuierliche Beziehungen angeboten und wird ihm Wertschätzung entgegengebracht, hat das positive Auswirkungen auf seine Lebensgestaltung und trägt zu seiner Gesundung bei.

Grundsätzliche Risiken und Nebenwirkungen von Hilfeplanung liegen darin, die zwischenmenschlichen Aspekte gering zu schätzen. Psychisches Leid entsteht oft in zwischenmenschlichen Beziehungen, Menschen lernen und wachsen aber ebenso in zwischenmenschlichen Beziehungen. Die Methodik der Hilfeplanung ist dabei nur ein Instrument. Benutzt man es zu statisch, formal und bürokratisch, wirkt es kontraproduktiv. Sind Einrichtungen und Dienste beteiligt, besteht immer die Gefahr einer »fürsorglichen Belagerung« (DÖRNER 1999), was bedeutet, dass es sehr schwierig sein kann, einmal in Anspruch genommene Hilfe zu beenden, wenn die Einrichtung oder der Dienst nicht eine Kultur des Überprüfens und des Loslassens pflegt.

Anliegen einer guten Hilfeplanung ist es daher, sorgfältig möglichst alle Interessen, Wünsche und Ziele der Menschen, die Unterstützung benötigen, zu berücksichtigen. Dazu gehört es insbesondere (trotz guter Planung), die Dinge manchmal dem Fluss des Lebens zu überlassen, denn menschliche Entwicklungen sind immer offen. Es gilt, Spielraum für Kreativität zu schaffen und offen für Neues und Überraschendes zu sein. Denn das Ziel von Planung ist Orientierung, nicht Ordnung.

Ziele und Wünsche werden häufig erst formuliert und erkennbar, wenn man miteinander in Kontakt tritt, darüber spricht oder individuell angepasste Methoden nutzt, um sie zu erfahren. Wenn man über die wichtigen Dinge des Lebens nachdenkt und sich darüber austauscht, wird auch das Gefühlsleben angesprochen. Ein behutsamer zwischenmenschlicher Umgang ist gekennzeichnet durch eine angemessene fachliche Haltung. Sie ist eine wichtige Voraussetzung zur Lösung von Problemen, zur Verbesserung oder Linderung von Störungen, Beeinträchtigungen, Erkrankungen oder Behinderungen. Hilfeplanung in diesem Sinne führt zur Ermittlung eines ganzheitlichen Hilfebedarfs.

Für den Menschen mit Unterstützungsbedarf kann es von Bedeutung sein, dass er die Hilfen aus einer Hand bekommt. Zum Beispiel Frau Benn. Neben der vorrangigen Hilfe zum Wohnen, benötigt sie Unterstützung beim Duschen. Die Nähe lässt sie aber nur von ihrer Bezugsbetreuerin Frau Galbo zu. Das ist verständlich, entspricht aber nicht den Vorgaben in den Sozialgesetzbüchern. Hilfeplanung bewegt sich daher immer im Spannungsfeld unterschiedlicher Zuständigkeiten. Denn die Finanzierung erfolgt nicht aus einer Hand. Zuständig für die Übernahme der Kosten sind die örtlichen Träger der Sozialhilfe, die Renten-, Kranken- und Pflegeversicherungen sowie Arbeitsverwaltungen und die Landesbehörden oder Landschaftsverbände als überörtliche Träger der Sozialhilfe. Wer für was zuständig ist, ist in den Sozialgesetzbüchern geregelt. Die Eingliederungshilfe hat dabei stets eine »Auffangfunktion«.

Hilfeplanung findet sich als Begriff und Aufgabe in den Sozialgesetzbüchern SGB XII und SGB IX und verpflichtet dazu, die Lebensbedingungen der Menschen mit Hilfebedarf zu verbessern. Gesetzlich dient die Eingliederungshilfe dem Überwinden von Hindernissen zur Teilhabe. Ihre Leistungen sollen eine Verselbstständigung bewirken. Sie dient nicht der Entlastung, sondern der Befähigung zur Verrichtung der alltäglichen Dinge des Lebens. Wird etwas für einen Menschen gemacht, liegt es streng genommen nicht mehr in ihrem Zuständigkeitsbereich. Darüber streiten sich die Kostenträger und man begegnet dem Streit oft schon beim Verfassen des Hilfeplans, spätestens bei der Beantragung der notwendigen Hilfen.

Die Reform der Eingliederungshilfe erfolgte zu einer Zeit, in der die Kosten dafür zu explodieren drohten. Die größte Gruppe der derzeitigen Leistungsempfänger sind behinderte Menschen im Alter von 40 bis 50 Jahren. Eine Generation älterer Behinderter gibt es (unter anderem wegen der »Euthanasie« und Zwangssterilisation im Dritten Reich) noch nicht. Weil Menschen mit Behinderung nachwachsen und psychische Erkrankungen zunehmen, wird es in den nächsten Jahren immer mehr Menschen geben, die auf Eingliederungshilfe angewiesen sind (Statistisches Bundesamt 2013). Im Jahr 2010 waren es knapp 770.000 Personen, was einer Steigerung um 137 % gegenüber 1991 entspricht.

Aus der Not eine Tugend machend, verfolgen die Träger der Sozialhilfe seit Beginn der 2000er-Jahre den Grundsatz »ambulant vor stationär« mit dem Ziel, die Kosten zu reduzieren. Die Hilfeplanung ist ein Instrument dafür. Eine Frage der fachlichen Weiterentwicklung der Eingliederungshilfe ist: Welche Hilfen genau benötigt der Mensch mit Unterstützungsbedarf zum selbstständigen Leben und Wohnen in der Gemeinde? Eine Frage, die durch das Ziel der Kostensenkung motiviert ist: Reichen Hilfen aus dem sozialen Umfeld bzw. (kostengünstige) ambulante Hilfen anstelle von (teureren) stationären Hilfen aus? Die Verknüpfung der zwei Erwartungen schafft ein Spannungsfeld. Wer an der individuellen Hilfeplanung beteiligt ist, sollte sich dieses Zusammenhangs bewusst sein. Spätestens bei der Beantragung von Hilfen wird man diesen Spannungen und Konflikten unweigerlich begegnen. Wir führen allerdings keine sozialpolitische Diskussion. Auf Risiken und Nebenwirkungen dieses Spannungsfelds wird an den entsprechenden Stellen im Text hingewiesen.

Frau Adam, Frau Baier, Frau Benn, Herr Hansen, Herr Köster, Herr Minh, Herr Richter und Herr Wiebert

Juliane Benn (40) wird uns am häufigsten als Beispiel in diesem Buch begegnen, um individuelle Hilfeplanung kennenzulernen. Als wir sie 2011 zum ersten Mal trafen, war sie 38 Jahre alt und lebte gemeinsam mit ihren Haustieren in einer eigenen Wohnung. Ihr Leben verlief nicht glatt und zur Unterstützung wurde ihr ein gesetzlicher Betreuer zur Seite gestellt. Von ihm erfuhren wir, dass sie an einer psychischen Erkrankung leidet und eine Persönlichkeitsstörung diagnostiziert wurde. Hinzu kamen Erfahrungen mit diversen Suchtmitteln. Aufgrund der Folgen eines Versuchs, sich das Leben zu nehmen, ist sie zudem in ihrer Mobilität eingeschränkt.
Das erste gemeinsame Hilfeplangespräch fand in ihrer Wohnung statt. Mehrere Versuche ihres Vermieters, ihr zu kündigen, hatten letztendlich zum Erfolg geführt, weil ihre Wohnung sehr verwahrlost war und ihre Art und Weise, ihr Leben zu gestalten, die Nachbarn massiv störte. In der Tat war es in der Wohnung nicht möglich, sich hinzusetzen. Alle Möbel waren stark verunreinigt, Müll stapelte sich in den Ecken und ihre sieben Katzen und ein Hund hinterließen Spuren. Frau Benn äußerte mit Nachdruck, dass sie

unter keinen Umständen ihr selbstständiges Wohnen aufgeben möchte, und beharrte darauf, niemals in ein Heim ziehen zu wollen. Ob und wie das für Frau Benn möglich wurde, wird in diesem Buch in den jeweiligen Kapiteln beschrieben.
Weil nicht alles, was für die individuelle Hilfeplanung wichtig ist, am Beispiel von Frau Benn dargestellt werden kann, begegnen uns außerdem Anita Adam, Jutta Baier, Johann Hansen, Wolfgang Köster, Minh Hiêu, Thomas Richter und Stefan Wiebert. Auch sie sind auf Hilfen zum selbstständigen Leben angewiesen. Anita Adam (35) lebt wegen einer schweren Depression in einem Wohnheim ebenso Wolfgang Köster (54), der an einem hirnorganischen Psychosyndrom leidet. Zuvor hat er lange Zeit in seiner Wohnung leben können, weil er neben den Einrichtungen und Diensten Unterstützung von seiner Tante erhielt. Minh Hiêu (68) lebt mit dauerhaften psychosenahen Wahrnehmungen. Er fand wie Thomas Richter (22), der mit seiner geistigen Behinderung umgehen muss, den Weg vom Wohnheim in eine eigene Wohnung. Herr Minh stammt aus Vietnam und kam 1976 mit einer Gruppe Boatpeople nach Deutschland. Sein kultureller Hintergrund unterscheidet sich zwar von unserem, über die individuelle Hilfeplanung lässt sich aber auch für ihn Teilhabe am gesellschaftlichen Leben ermöglichen. Am Beispiel von Jutta Baier (48) soll gezeigt werden, wie mithilfe des Betreuten Wohnens Inklusion gelingen kann.
Herr Wiebert (51) lebt seit seinem 38. Lebensjahr in einer Wohngemeinschaft für Menschen mit kognitiven Einschränkungen. Durch den plötzlichen Tod seiner Mutter zog er in ein neues soziales Umfeld. Da er nur eingeschränkt kommunizieren kann, zeigt sein Beispiel, wie Hilfeplanung mit kommunikativen Einschränkungen möglich ist. Herr Hansen (51) lebt seit seiner Kindheit in verschiedenen Einrichtungen. Nun hat er den Wunsch, in eine eigene Wohnung zu ziehen. Wie sich Unterstützungsleistungen in einem solchen Fall ändern können, zeigt sein Beispiel.
Frau Adam, Frau Benn, Herr Hansen, Herr Köster, Herr Minh, Herr Richter und Herr Wiebert leben mit ganz unterschiedlichen Problemen, Störungen und Beeinträchtigungen. Sie gehören zum Kreis der Menschen mit Psychiatrie-Erfahrung, zu den Menschen mit einer kognitiven oder körperlichen Behinderung und zu den Personen mit einer Suchterkrankung. Vorrangiges Anliegen individueller Hilfeplanung ist es, ihnen entsprechend ihren Fähigkeiten und Beeinträchtigungen die Teilhabe am gesellschaftlichen Leben zu ermöglichen.

Wie ist dieses Buch aufgebaut und wie lässt es sich nutzen?

Die Inhalte sind sehr praxisnah. Gesetzliche Rahmenbedingungen und sozialpolitische Themen werden nur in dem Maße angesprochen, wie sie für die praktische Umsetzung von Hilfeplanung von Bedeutung sind.
Ein kurzer Text leitet in die Thematik ein. Es folgt ein Beispiel anhand der vorgestellten Personen. Im Anschluss werden Risiken und Nebenwirkungen der Handlungsempfehlungen und der Methodik benannt. Die Kapitel werden mit einer kurzen Zusammenfassung abgeschlossen.
Der Praxisteil bildet den Schwerpunkt. Schritt für Schritt wird die Umsetzung der Hilfeplanung beschrieben und es werden Arbeitsmaterialien zur Orientierung, Anregung und Unterstützung vorgestellt. Daraus kann eine persönliche Arbeitshilfe für die praktische Arbeit zusammengestellt werden. Alle Arbeitsmaterialien und Hilfepläne stehen als Download auf der Internetseite des Buches zur Verfügung: www.balance-verlag.de/buecher/detail/book-detail/individuelle-hilfeplanung-in-der-praxis-2.html
Es empfiehlt sich, das Buch von Kapitel zu Kapitel zu lesen. Das verschafft ein Gesamtbild.

Was ist individuelle Hilfeplanung?

Individuelle Hilfeplanung, die eine personenzentrierte Sichtweise verfolgt, stellt den Menschen mit Unterstützungsbedarf in den Mittelpunkt. Die für ihn tätigen Einrichtungen und Dienste müssen so organisiert werden, dass sich ihre Angebote an seinem Hilfebedarf orientieren. Vorrangig ist also die Frage »Was benötigt der Mensch mit Unterstützungsbedarf, damit er am gesellschaftlichen Leben teilhaben kann?« und nicht »Was muss er tun, damit er in die Einrichtung und zu den Diensten passt?«.
Individuelle Hilfeplanung ist ein kommunikativer Prozess. Sie beginnt damit, dass man sich füreinander Zeit nimmt, um ins Gespräch zu kommen. Von vornherein sollten alle Personen, also der Mensch mit Unterstützungsbedarf und die Menschen, die für ihn von Bedeutung sind, an den Gesprächen beteiligt werden. Seine Ziele und Wünsche dienen als Leitziele. Dazu ist es wichtig herauszufinden, welche Ressourcen er hat, über welche Fähigkeiten er verfügt und welche spezifischen Probleme oder Barrieren ihn daran hindern, sein Leben selbstständig zu gestalten. In diesen Bereichen können Hilfen erforderlich sein, die für die Menschen mit Unterstützungsbedarf von den beteiligten Personen organisiert und gestaltet werden müssen. In erster Linie sind dies Menschen aus den Lebensbereichen, die ihm vertraut sind, die er als Heimat erlebt und zu denen er sich zugehörig fühlt.
Einrichtungen und Dienste sind erst dann gefragt, wenn das gewohnte Lebensumfeld den Hilfebedarf nicht mehr ausreichend leisten kann. Da, wo Einrichtungen (das Heim) der Behindertenhilfe zum Lebensmittelpunkt und zur Heimat geworden sind, gilt es behutsam zu prüfen, ob das gemeindenahe ambulante Angebot eine Alternative darstellt, zu mehr Lebensqualität führen könnte und Teilhabe ermöglichen kann.
Individuelle Hilfeplanung ist also eine Initiative aller um den Menschen mit Unterstützungsbedarf herum Beteiligten, ihn (wieder) in Bewegung zu bringen, ihn zu fördern und die Hilfen seinen Bedürfnissen entsprechend auszurichten und zu gestalten. Voraussetzungen dafür, dass alle Beteiligten gut zusammenarbeiten, sind eine gute Koordination der Hilfen und – wenn Einrichtungen und Dienste beteiligt sind – eine aussagefähige Dokumentation.

Die Qualität von Hilfeplanung ist allerdings nicht in erster Linie von den verwendeten Formularen und einer umfangreichen Datensammlung abhängig. Sie sind nur Mittel zum Zweck. Trotzdem kommt dem Hilfeplan, der Verschriftlichung der Hilfen, besondere Bedeutung zu. Darin soll der Betroffene in seiner Individualität erkennbar und sollen die notwendigen Hilfen einfach und plausibel dargestellt und zu verstehen sein.

Der Erfolg der Hilfeplanung liegt in der Verantwortung aller Beteiligten: der Gesundheitspolitik, der Einrichtungen und Dienste, der dort arbeitenden Beschäftigten und selbstverständlich der Menschen mit Unterstützungsbedarf und der ihnen nahestehenden Menschen.

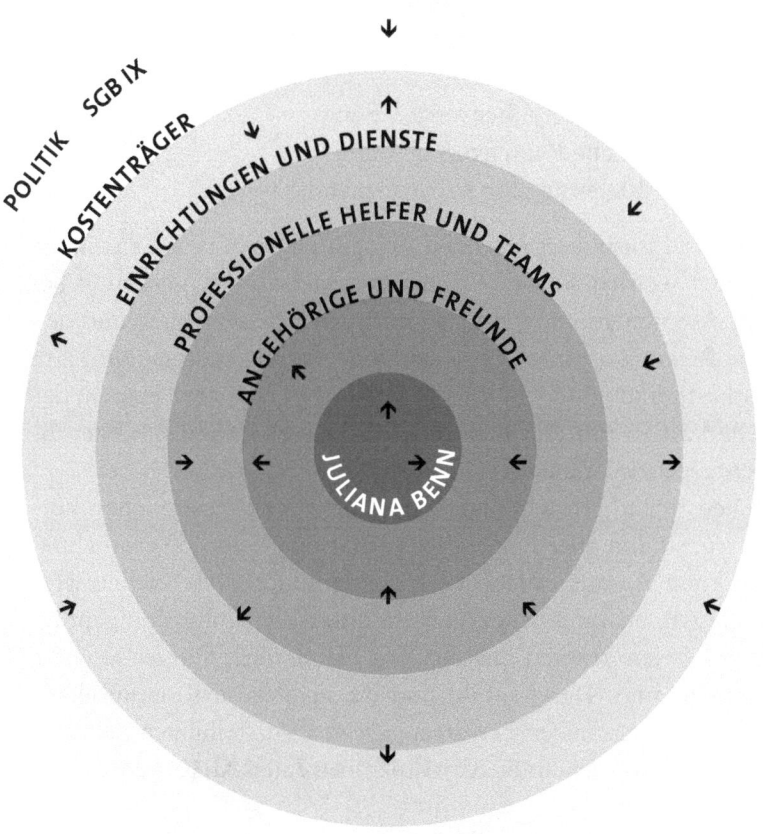

ABBILDUNG 1

Frau Benn und die an der Hilfeplanung beteiligten Institutionen und Dienste

Wir haben Frau Benn in den Mittelpunkt der Abbildung gestellt. Der erste Kreis um sie herum sind ihre Angehörigen und Freunde. Zum zweiten Kreis gehören die für sie tätigen professionellen Helfer. Der dritte Kreis zeigt die Einrichtungen, in denen die professionellen Helfer tätig sind und die Teams, zu denen sie gehören. Der vierte Kreis steht für die Kostenträger, von denen die Hilfen für Frau Benn finanziert werden. Den äußersten Kreis bildet die Politik, die die gesetzlichen Vorgaben schafft. Die Pfeile zwischen den Kreisen symbolisieren die unterschiedlichen Vorstellungen, Ideen und Vorgaben, die das Leben von Frau Benn prägen.

Die Vorgaben der Politik sind eindeutig: Für die Eingliederung von Menschen mit Behinderung sind im Laufe der Jahre Gesetze gemacht worden, nach denen sich die zuständigen Kostenträger und Einrichtungen zu richten haben. In unserem Zusammenhang sind das die Sozialgesetzbücher, insbesondere:

- SGB IX: Rehabilitation und Teilhabe behinderter Menschen
- SGB XII: Sozialhilfe
- SGV V: Gesetzliche Krankenversicherung
- SGB VI: Gesetzliche Rentenversicherung
- SGB II: Grundsicherung für Arbeitsuchende

Das SGB IX formuliert im ersten Paragrafen, wofür die Leistungen eingesetzt werden sollen: »Behinderte oder von Behinderung bedrohte Menschen erhalten Leistungen nach diesem Buch und den für die Rehabilitationsträger geltenden Leistungsgesetzen, um ihre Selbstbestimmung und gleichberechtigte Teilhabe am Leben in der Gesellschaft zu fördern, Benachteiligungen zu vermeiden oder ihnen entgegenzuwirken.«

Die Dienste und Einrichtungen erfüllen zwar die gesetzlichen Vorschriften, sind in aller Regel aber auch ihrem Leitbild verpflichtet. Darin können unterschiedliche Menschenbilder beschrieben werden, die z. B. bei kirchlichen Trägern durch die Konfession geprägt oder bei freien Trägern aus der Geschichte einer Bürgerinitiative entstanden sind. Das Leitbild und die gepflegten Kommunikationsformen beeinflussen Erwartungen und Vorstellungen der Mitarbeiter und werden an die von ihnen betreuten Menschen weitergegeben.

Professionelle Helfer sind darüber hinaus Vertreter ihrer Profession. Auch sie haben Wünsche und Vorstellungen darüber, wie am sinnvollsten geholfen werden kann. Sie haben Ideen, welche Ziele sie mit dem Menschen, mit dem sie arbeiten, erreichen wollen.

Diese können völlig unterschiedlich von denen sein, die Angehörige, Nachbarn und Freunde haben.

Frau Benns Bezugsperson ist Sozialarbeiterin. Ihr ist es wichtig, dass Frau Benn lernt, ihr Leben gesünder, ohne Drogenkonsum, Gefährdung durch Übergriffe und ohne selbstschädigendes Verhalten zu führen. Auch die Eltern von Frau Benn haben Wünsche und Vorstellungen, wie ihre Tochter ihr Leben hätte gestalten sollen und in Zukunft gestalten sollte. Sie haben sich gewünscht, dass sie ihre Berufsausbildung abschließt und eine Familie gründet. Aus ihr sollte »etwas Besseres« werden. Für die Zukunft hoffen sie nur, dass alles nicht noch schlimmer wird.

Ziel der individuellen Hilfeplanung ist es, in Erfahrung zu bringen, welche Wünsche und Erwartungen um Frau Benn herum für sie selbst von Bedeutung sind: Was möchte Frau Benn in ihrem Leben erreichen? Wie möchte sie ihr Leben trotz ihrer Probleme und Beeinträchtigungen gestalten? Es ist nicht leicht, durch die Kreise und Pfeile der Wünsche, Ideen und Vorstellungen in der Abbildung die von Frau Benn zu erkennen. Aber nur, wenn wir nahe genug an sie und an das herankommen, was für sie wichtig ist, sind Veränderungen und Bewegung möglich.

Die unterschiedlichen Richtungen der Pfeile symbolisieren die Konkurrenz der verschiedenen Vorstellungen und Wünsche. Jeder will Frau Benn nach seinen Vorstellungen zur Teilhabe am gesellschaftlichen Leben bewegen. Bewegen kann sich Frau Benn aber nur, wenn alle Pfeile in die gleiche Richtung zeigen. Konsens, d. h. eine weitgehende Übereinstimmung der Vorstellungen aller Beteiligten, und gemeinsame Ziele würden Frau Benn am meisten in Bewegung bringen.

Der Konsens wird in den meisten Fällen ein Kompromiss sein, bei dem alle Beteiligten ihr Anliegen in einem verträglichen Maß vertreten sehen. Werden Entscheidungen hierarchisch herbeigeführt, hätte das zur Folge, dass die an der Hilfeplanung Beteiligten über den einen oder anderen Kopf hinweg ihre Vorgaben durchsetzen. Stagnation wäre die Folge und eine positive Entwicklung unwahrscheinlich. Denn wenn die Beteiligten mit- und gegeneinander kämpfen, werden viele Ressourcen für Konflikte eingesetzt und können nicht für Frau Benn genutzt werden.

Kommunikation, Organisation und Koordination zur Ordnung der »Pfeile« ist die grundlegende Aufgabe im Spannungsfeld der individuellen Hilfeplanung. Methoden und Wege dafür zu finden, sind die Aufgaben der daran beteiligten »Kreise«.

Bevor wir in Erfahrung bringen, wer dabei welche Aufgaben hat, beginnen wir mit dem inneren Kreis der Betroffenen. Vorher beschäftigen wir uns jedoch mit der Frage, was man über Hilfeplanung grundsätzlich wissen sollte.

Das Hilfeplanverfahren

Das Hilfeplanverfahren beruht auf der gesetzlichen Verpflichtung der Kostenträger der Eingliederungshilfe, den Menschen mit Behinderungen Teilhabe am gesellschaftlichen Leben zu ermöglichen. Dabei wird Hilfeplanung als Prozess verstanden, um zu klären, welcher individuelle Hilfebedarf erfüllt werden muss, damit dem Betroffenen die gesellschaftliche Teilhabe gelingt.

Vorrangig zuständig für die Hilfeplanung ist die Eingliederungshilfe. In Anlehnung des Gesetzestextes orientiert sie sich an der Leitfrage: Was benötigt der Mensch mit Unterstützungsbedarf zum selbstständigen Wohnen? Trotz eines gemeinsamen Gesetzes verläuft das Hilfeplanverfahren in den Bundesländern unterschiedlich. Die in diesem Buch verwendeten Beispiele und Verfahren beruhen auf Erfahrungen im Rheinland. Da allen Hilfeplanverfahren eine ähnliche Struktur hinterlegt ist, sind sie aber übertragbar. Welche Hilfeplanverfahren wo Anwendung finden, geht aus der folgenden Übersicht hervor.

ABBILDUNG 2
Die Hilfeplanverfahren in der BRD (nach Jansen-Kayser 2013)

Bundesland	Hilfeplanverfahren
Baden-Württemberg	stationär: H.M.B.-W.; ambulant: kein einheitliches Verfahren, der IBRP wird in vielen Landkreisen mit herangezogen
Bayern	Gesamtplanverfahren mittels HEB
Berlin	HMB-W, BBRP, Steuerungsgremien in den Bezirken
Brandenburg	Gesamtplanverfahren mittels modifiziertem HMB-W
Bremen	Gesamtplanverfahren mittels Bremer Hilfeplan, Steuerungsstelle
Hamburg	HMB-W, ITP (in Planung für gesamte Teilhabe)
Hessen	IHP für Menschen mit kognitiver und / oder körperlicher Behinderung, ITP für Menschen mit seelischer Behinderung und / oder Abhängigkeitserkrankung
Mecklenburg-Vorpommern	Landesregelung IBRP mit HPK
Niedersachsen	Verbindliche Landesregelung IBRP
NRW Rheinland (LVR)	IHP 3 mit HPK
NRW Westfalen-Lippe (LWL)	Individuelles Hilfeplanverfahren LWL
Rheinland-Pfalz	THP mit THK
Saarland	THP über Teilhabekonferenzen in den jeweiligen Versorgungsregionen
Sachsen	Bedarfsfeststellung durch den Leistungsträger, amtsärztlicheBegutachtun

Bundesland	Hilfeplanverfahren
Sachsen-Anhalt	Gesamtplanverfahren THP in fast allen Landkreisen
Schleswig-Holstein	einheitliches Hilfeplanverfahren THP
Thüringen	ITP als einheitliches Hilfebedarfsfeststellungsverfahren für alle Menschen mit Behinderung (Einführung 2011 bis 2014)

Quellen:
eigene Recherche, Paritätisches Kompetenzzentrum Persönliches Budget Paritätischer Wohlfahrts verband Rheinland Pfalz, APK, LVR, Deutscher Verein für öffentliche und private Fürsorge e. V.

Legende:
IBRP = Der Integrierte Behandlungs- und Rehabilitationsplan der Aktion Psychisch Kranke e. V.
ITP = Integrierte Teilhabeplanung
HPK = Hilfeplankonferenz
THK = Teilhabekonferenz
HEB = Bayrischer Hilfeplan angelehnt an IBRP
BBRP = Behandlungs- und Rehabilitationsplan (Berliner Version des IBRP)
BHP = Bremer Hilfeplan (Anlehnung an IBRP)
IHP = Individuelle Hilfeplanung
THP = Teilhabeplanung
HMB-W = Hilfebedarf von Menschen mit Behinderung, Fragebogen zur Erhebung im Lebensbereich Wohnen / Individuelle Lebensgestaltung, entwickelt von Dr. Heidrun Metzler, Forschungsstelle »Lebenswelten behinderter Menschen«

Ein Rechtsanspruch auf Hilfeplanung liegt vor, insofern von einem Facharzt attestiert wird, dass eine psychische Erkrankung vorliegt, eine geistige oder körperliche Behinderung besteht oder jemand an einer Suchterkrankung leidet (SGB II, SGB IX, SGB XII) und diese voraussichtlich für mehr als sechs Monate fortbestehen wird. Daraus leitet sich auch der Anspruch auf Hilfe zum selbstständigen bzw. Betreuten Wohnen (BeWo) und der eventuellen Aufnahme in eine Einrichtung (Wohnheim) ab. Die Notwendigkeit muss dem Kostenträger gemeldet werden. Wenn die Voraussetzungen erfüllt sind, erfolgt in der Regel die Anerkennung des Bedarfs ab dem Zeitpunkt der Bekanntmachung und die notwendigen Hilfen werden bezahlt.

TIPP → *Beispiel* An der psychischen Erkrankung von Frau Benn gibt es keine Zweifel. Herr Cornelius Gerken, ihr gesetzlicher Betreuer, hat keine Mühe, dies von einem Arzt, den er mit ihr zusammen aufsucht, attestiert zu bekommen. Wie wir im Folgenden sehen werden, hat Herr Gerken den Weg über den Sozialpsychiatrischen Dienst und die Hilfeplankonferenz gewählt, um für Frau Benn Hilfe zum selbstständigen Wohnen zu bekommen. Hätte er schon

Sorgen Sie für eine fachärztliche Stellungnahme und melden Sie den Hilfebedarf rechtzeitig an.

vorher das Sozialpsychiatrische Zentrum dafür gewinnen können, sich diesem Anliegen zu widmen, hätte eine Mitteilung an den zuständigen Fachdienst beim Kostenträger gereicht, um den Rechtsanspruch auf Hilfe ab dem Eingangsdatum der Meldung geltend zu machen. ×

→ Beispiel   Herr Hansen lebt seit seiner Kindheit in verschiedenen Einrichtungen für Menschen mit kognitiver Behinderung. In der Vergangenheit wurde sein Hilfebedarf über Entwicklungsberichte zum Ausdruck gebracht. Mit der Reform der Sozialgesetze gelten auch für ihn und alle anderen Menschen, die in einer Wohneinrichtung leben, das Verfahren der individuellen Hilfeplanung und das Erarbeiten des Hilfeplans. ×

Mit diesem ersten Schritt wird das Hilfeplanverfahren in Gang gesetzt. Wenn es sich um einen neuen »Fall« handelt, der den in den Hilfen aktiven Menschen und Einrichtungen unbekannt ist, reicht ein vorläufiger Hilfeplan. Denn es wird nicht erwartet, dass in den ersten Wochen der Begegnung der Hilfebedarf konkret genug ermittelt werden kann. Innerhalb von zwei bis drei Monaten nach Aufnahme der Hilfe sollte ein aussagekräftiger Hilfeplan vorgelegt werden.
Der ermittelte Hilfebedarf führt zu Maßnahmen, die im Hilfeplan in Zeitwerten zu benennen sind. Der Zeitaufwand, den die Einrichtungen und Dienste der Eingliederungshilfe zu leisten haben, wird in Minuten und Stunden pro Woche beziffert. Im Betreuten Wohnen wird die Zeitangabe als Fachleistungsstunde (FLS) bezeichnet. Ihr ist ein Geldwert hinterlegt, der in den Bundesländern unterschiedlich hoch ist. Die Höhe verhandeln und vereinbaren die Kostenträger der Eingliederungshilfe mit den jeweiligen Dachverbänden, denen sich die Einrichtungen und Dienste angeschlossen haben. Die Fachleistungsstunde ist quasi die »Währung«, mit der ein Hilfebedarf im Hilfeplan finanziell bewertet wird. Dabei muss plausibel begründet werden, warum das, was zu tun ist, von einer Fachkraft umgesetzt werden muss, und ob die Hilfen der Unterstützung des selbstständigen Wohnens dienen.

→ Beispiel   Frau Benn erhält von der Mitarbeiterin Frau Galbo regelmäßig Hilfe zum selbstständigen Wohnen. Sie kommt montags in der Zeit von 10 bis 12 Uhr, also für zwei Fachleistungsstunden. Von 10 bis 10:30 Uhr hilft Frau Galbo ihr, »in den Tag zu kommen«. Meistens muss sie sie wecken, zur Morgentoilette auffordern und ihr saubere Kleidung heraussuchen. Das geschieht selten ohne »murren und knurren«. Ist Frau Benn aktiv geworden, sammelt Frau Galbo die Schmutzwäsche zusammen und bestückt gemeinsam mit Frau Benn die Waschmaschine und erklärt ihr die Funktionsweise. Danach wird der hygienische Zustand der Küche und des Kühlschranks überprüft und muss nicht selten nachgebessert werden. Frau Benn kocht einen Kaffee und die beiden reden zunächst über das vergangene Wochenende, über ihre Aktivitäten und Kontakte (10:30 bis 10:45 Uhr).

Sie erstellen gemeinsam einen Einkaufszettel (10:45 bis 11:00 Uhr) und fahren zum Einkauf. Während der Fahrt setzen sie häufig das Gespräch fort. Frau Galbo muss Frau Benn beim Einkauf begleiten, beraten und manchmal auch kontrollieren, ob sie die richtigen Dinge einkauft. Gegen 11:30 Uhr fahren sie zurück in die Wohnung, und Frau Galbo hilft beim Einräumen der Lebensmittel. Nebenbei bereitet Frau Benn ein Fertiggericht zu. Gegen 11:55 Uhr gehen sie gemeinsam in den Waschkeller, um die Wäsche in den Wäschetrockner zu legen. Danach verabschiedet sich Frau Galbo.

Die einzelnen Aufgaben dieses ritualisierten Ablaufs werden als Maßnahmen bezeichnet. Maßnahmen sind all das, was getan werden muss, damit das Ziel zum selbstständigen Wohnen erreicht werden kann. Die Zeit, die z. B. Frau Galbo aufwendet, um die Maßnahmen durchzuführen, wird für die Woche addiert, als Höhe der Fachleistungsstunden pro Woche zusammengefasst und im Hilfeplan festgelegt.

Die Hilfepläne werden in einer Hilfeplankonferenz oder Clearingstelle beraten. (vgl. S. 83, »Was sind Hilfeplankonferenzen und welche Aufgabe haben sie?«). Dort wird die Plausibilität der Planung geprüft, z. B. ob die Maßnahmen zu den Zielen passen oder die Zeitangaben nachvollziehbar sind. Um das einschätzen zu können, bekommen die Teilnehmer die Hilfepläne rechtzeitig vorher zugestellt. Sie diskutieren und beraten den Hilfebedarf. Auch Vertreter der Kostenträger sind daran beteiligt.

Der Hilfeplan ist ein Formular und trotz regionaler unterschiedlicher Gestaltung in seinen Bestandteilen ähnlich. In der Regel beziehen sich die Fragen auf folgende Lebensbereiche:

- Wohnen und selbstständige Lebensführung
- Arbeit und Beschäftigung
- Freizeit und kulturelles Leben

- Soziale Beziehungen
- Gesundheit und gesunde Lebensführung
- Tagesgestaltung

Wenn es Vermögen gibt, müssen der Mensch mit Unterstützungsbedarf und/oder seine Angehörigen sich an den Kosten für die Hilfen beteiligen. Ob und in welcher Höhe das zutrifft, wird nach der Antragstellung vom Kostenträger der Eingliederungshilfe geprüft. Informationen zu den Bemessungsgrenzen sind bei ihnen erhältlich.
Bei der Erstellung des Hilfeplans benötigen viele Menschen mit Unterstützungsbedarf in der Regel Hilfe. Wen sie damit beauftragen und wer hinzugezogen werden soll, ist von großer Bedeutung. Dies können Menschen aus dem engeren Lebensumfeld sein oder Mitarbeiter von Einrichtungen und Diensten. Für die Beratung von Menschen mit einer kognitiven Einschränkung sind im Rheinland Koordinierungs-, Kontakt- und Beratungsstellen (KoKoBe) eingerichtet worden, die sich unter anderem der Beratung bei der individuellen Hilfeplanung widmen. Für die Menschen mit Psychiatrie-Erfahrung übernehmen zunehmend die Sozialpsychiatrischen Zentren diese Aufgabe. Für alle gilt das gleiche individuelle Hilfeplanverfahren.
In stationären Wohneinrichtungen für Menschen mit kognitiven Einschränkungen erfolgt die Einschätzung des Hilfebedarfs weiterhin mithilfe von Leistungstypen und Hilfebedarfsgruppen. Jede Art von Behinderung wird einem entsprechenden Leistungstyp zugeordnet. Innerhalb der Leistungstypen gibt es Hilfebedarfsgruppen, die mit dem Metzler-Verfahren ermittelt werden können. Hieraus ergibt sich eine Finanzierungsgrundlage für stationäre Wohneinrichtungen, in der Regel eine detailliertere und kleinschrittigere Beschreibung der Hilfen und Maßnahmen.
Grundsätzlich soll der Hilfebedarf klar, nachvollziehbar, individuell, respektvoll und fachlich angemessen dargestellt werden. Daten müssen jedoch nur in dem Umfang erhoben werden, wie sie für die Hilfeplanung notwendig sind. Hilfepläne sind Formulare, in denen eine plausible und nachvollziehbare Begründung für die beantragten Hilfen zum Ausdruck kommen soll. So unterschiedlich die Menschen mit Unterstützungsbedarf sind, so unterschiedlich sind auch die Daten, die für eine gute Hilfeplanung notwendig sind und damit auch die Hilfepläne. Nicht alles, was im Formular erfragt wird, muss auch beantwortet werden. Selbstverständlich gehören auch Hinweise zum Datenschutz zur Hilfeplanung dazu.

Laut UN-Konvention über die Rechte von Menschen mit Behinderung soll für sie ein Höchstmaß an Unabhängigkeit sowie die volle Teilhabe an allen Aspekten des Lebens erreicht werden. Dies soll über Teilhabe- und Hilfeplanung umgesetzt werden. Die Komplexität und der Aufwand können die Akteure dazu verleiten, Paket- und Pauschallösungen zu suchen. Denn: »Je anspruchsvoller das Hilfeplanverfahren wird, je differenzierter die Erörterungen in den Hilfeplankonferenzen werden, je mehr Akteure einbezogen werden müssen, desto größer wird die Versuchung, sich einfachere Wege zu suchen.« (KONRAD, ROSEMANN 2011, S. 45)

Der Hilfeplan ist ein Standardformular, das für Menschen mit den unterschiedlichsten Beeinträchtigungen und Störungen verwendet wird. Neben den persönlichen Besonderheiten und der Individualität des Menschen soll auch der Prozess der Hilfeplanung nachzuvollziehen sein. Das ist ein hoher Anspruch an ein Formular und bei genauer Betrachtung kann kein Hilfeplan dem genügen.

Die den Hilfeplänen hinterlegte Methodik erschließt sich nicht beim Lesen. Hilfepläne haben keinen »roten Faden«. Die für die Hilfeplanung Verantwortlichen verwenden daher oft viel Zeit, Kraft und Energie. Auch erfahrene Mitarbeiter scheitern schon mal daran, ihre durchaus vorhandene praktische Fachlichkeit schriftlich in einem Formular darzulegen.

Risiken und Nebenwirkungen

Mitarbeiter von Diensten und Einrichtungen erleben die Hilfeplanung als zusätzlichen Aufwand, der häufig nicht extra vergütet wird. Sie beklagen, dass die Erstellung auf Kosten der eigentlichen Betreuungszeit gehe. Nicht selten wird Hilfeplanung auch so verstanden, vorrangig die Defizite der Klienten zu beschreiben, weil das mehr Fachleistungsstunden bedeutet und mehr Geld bringt.

Einrichtungen und Dienste, die mit einer Software für die Hilfeplanung arbeiten, neigen manchmal dazu, Textbausteine zu verwenden. Der Hilfeplan ist ein relativ umfangreiches Formular, kann dazu verleiten, alles, was erfragt wird, auch zu beantworten und die Qualität an der Menge der Daten zu beurteilen.

Hilfeplanung ist eine personenzentrierte Methode. Sie beginnt dort, wo der Mensch mit Unterstützungsbedarf steht und orientiert sich an dem, wo er hin will. Die Hilfeplanung selbst ist bereits Hilfe und keine zusätzliche Aufgabe. Sie folgt methodischen Schritten mit dem Ziel der Teilhabe. Die Qualität ist abhängig von der Haltung und Beziehungsgestaltung der Akteure. Der Hilfeplan ist »nur« das Formular, in dem dieses Vorgehen abgebildet wird. Seine Qualität ist nicht von der Menge der Daten abhängig.

Individuelle Hilfeplanung und ICF

Die International Classification of Functioning, Disability and Health (ICF) beruht auf einer Initiative der Weltgesundheitsorganisation (World Health Organization, WHO). Weltweit haben Experten darin Faktoren zusammengetragen, die für Inklusion und Teilhabe der Menschen am gesellschaftlichen Leben bedeutsam sind.

> **TIPP**
> Download der deutschsprachigen Version der ICF
> www.dimdi.de/static/de/klassi/icf/index.htm

In Deutschland hat die ICF inhaltlich und strukturell wesentlichen Einfluss auf das Neunte Buch des Sozialgesetzbuches (SGB IX) – Rehabilitation und Teilhabe behinderter Menschen – genommen. In dem vom Landschaftsverband Rheinland (LVR) im Sommer 2010 neu aufgelegten individuellen Hilfeplan (IHP 3) wurden wesentliche Elemente für die Beschreibung des Hilfebedarfs aus der ICF übernommen.

Mit der ICF wird der Versuch unternommen, die Faktoren, die für den Menschen und sein Leben von Bedeutung sind, auf eine sprachliche Grundlage zu stellen. Die ICF kategorisiert die individuellen Auswirkungen einer Beeinträchtigung in der spezifischen Lebenssituation einer Person mithilfe des bio-psycho-sozialen Modells und kommt damit der Lebenswirklichkeit der Menschen sehr nah. Es wurde ein umfassender Kriterienkatalog erstellt, der alle relevanten Lebensbereiche berücksichtigt. Gemeinsam mit den spezifischen Begrifflichkeiten der ICF soll eine einheitliche Kommunikation über die Beeinträchtigungen eines Menschen möglich werden.

Die ICF versteht sich ausdrücklich als ein beschreibendes Instrument, und nicht als diagnostisches. Es werden daher keine Messverfahren zur Verfügung gestellt. Sie ist universell anwendbar, also nicht allein nur für Menschen mit Unterstützungsbedarf hilfreich. Die Leitfragen orientieren sich sehr stark am Prinzip der Gesundheit. Die in diesem Buch vorgestellten Arbeitsmaterialien 5 bis 13 beruhen auf dem Datensatz der ICF. Sie dienen als Checklisten und nicht als sogenannte Core-Sets, zu denen die genauere Kenntnis der ICF notwendig ist, und können hilfreich sein, den Hilfebedarf genauer zu ermitteln.

Was man wissen sollte, um die ICF für die Hilfeplanung nutzbar zu machen

Im Text der ICF werden die verwendeten Begriffe ausführlich definiert und dienen dem Ziel des gemeinsamen Verständnisses. Nicht alle definierten Begriffe sind für die Hilfeplanung relevant.
Die Definition der Funktionsfähigkeit eines Menschen ist von zentraler Bedeutung. Daran sollen sich alle Aspekte der Gesundheit und der individuellen Teilhabe am gesellschaftlichen Leben orientieren. Jemand wird als funktional gesund verstanden, wenn

- seine körperlichen Funktionen und Körperstrukturen denen eines gesunden Menschen entsprechen,
- er all das tut oder tun kann, was von einem Menschen ohne Gesundheitsproblem erwartet wird,
- er sein Dasein in allen Lebensbereichen, die ihm wichtig sind, in der Weise und dem Umfang entfalten kann, wie es von einem Menschen ohne gesundheitsbedingte Beeinträchtigung erwartet wird.

Behinderung wird als eine Beeinträchtigung der so definierten funktionalen Gesundheit verstanden. Allerdings wird durch das bio-psycho-soziale Modell das Verständnis der Behinderung wesentlich erweitert. »Behinderung« ist danach kein Merkmal einer Person, sondern ein komplexes Geflecht von gesellschaftlichen Bedingungen. Danach wird sie vorrangig als ein gesellschaftlich verursachtes Problem definiert und die Frage, wie eine vollständige Integration und Inklusion in die Gesellschaft gewährleistet werden kann, wird zur Leitfrage.
Funktionsfähigkeit oder Probleme des Menschen werden auf unterschiedlichen Ebenen beschrieben. Die ICF unterteilt sie in

- Körperfunktionen und Körperstrukturen (Funktionsfähigkeit, Probleme und Beeinträchtigungen körperlicher Natur),
- Aktivitäten, Partizipation und Teilhabe (Funktionsfähigkeit, Probleme und Beeinträchtigung in den Bereichen Lernen, Kommunikation, Mobilität, Selbstversorgung, häusliches Leben und soziale Beziehungen).

Für die Hilfeplanung sind die Beschreibungen der Aktivitäten, Partizipation und Teilhabe relevant, nur teilweise die der Körperfunktionen und Strukturen (siehe dazu Arbeitsmaterial 5 bis 13).
Die wesentlichen Begriffe werden wie folgt definiert:

Körperfunktionen sind die physiologischen Funktionen von Körpersystemen (einschließlich psychischer Funktionen).
Körperstrukturen sind anatomische Teile des Körpers, wie Organe, Gliedmaßen und ihre Bestandteile.
Schädigungen sind Beeinträchtigungen einer Körperfunktion oder -struktur, wie z. B. eine wesentliche Abweichung oder ein Verlust.
Aktivität bezeichnet die Durchführung einer Aufgabe oder Handlung (Aktion) durch einen Menschen.
Partizipation (Teilhabe) meint das Einbezogensein in eine Lebenssituation.
Beeinträchtigungen der Aktivität sind Schwierigkeiten, die ein Mensch bei der Durchführung einer Aktivität haben kann.
Beeinträchtigungen der Partizipation (Teilhabe) sind Probleme, die ein Mensch beim Einbezogensein in eine Lebenssituation erlebt.
Umweltfaktoren bilden die materielle, soziale und einstellungsbezogene Umwelt ab, in der Menschen leben und ihr Dasein entfalten.
Welche Rolle diese Begriffe bei der Hilfeplanung haben, wird bei der Anwendung der Arbeitsmaterialien in diesem Buch gezeigt.

Themen und Aktivitätsbereiche

In der ICF werden die für die Menschen relevanten Lebensbereiche und Themen als Domänen bezeichnet. Darunter wird eine praktikable und sinnvolle Menge von zusammenhängenden Faktoren verstanden, die den Zustand eines Menschen beschreiben sollen. Sie werden in Kapitel aufgeteilt und in sogenannten Items detailliert beschrieben.
In der Originalfassung des folgenden Beispiels heißt die Domäne Aktivitäten und Partizipation (Teilhabe), das Kapitel Selbstversorgung und das Item (d510) sich waschen. Dieses Kapitel befasst sich mit der Versorgung, dem Waschen, Abtrocknen und der Pflege des eigenen Körpers und seiner Teile, dem An- und Ablegen von Kleidung, dem Essen und Trinken und der Sorge um die eigene Gesundheit. Das d meint die Domäne, also den Lebensbereich, die 5 steht für das dazugehörige Kapitel und die 10 für das Item mit den detaillierten Beschreibungen.

d510 Sich waschen
Den ganzen Körper oder Körperteile mit Wasser und geeigneten Reinigungs- und Abtrocknungsmaterialien oder -methoden zu waschen und abzutrocknen, wie baden, duschen, Hände, Füße, Gesicht und Haare waschen und mit einem Handtuch abtrocknen.
Inkl.: Körperteile und den ganzen Körper waschen; sich abtrocknen.
Exkl.: Seine Körperteile pflegen (d520); die Toilette benutzen (d530).

d5100 Körperteile waschen
Zur Reinigung seiner Körperteile, wie Hände, Gesicht, Füße, Haare oder Nägel, Wasser, Seife und andere Substanzen zu verwenden.

d5101 Den ganzen Körper waschen
Zur Reinigung seines ganzen Körpers Wasser, Seife und andere Substanzen zu verwenden, wie baden oder duschen.

d5102 Sich abtrocknen
Zum Abtrocknen eines Körperteils, von Körperteilen oder des ganzen Körpers ein Handtuch oder Entsprechendes zu verwenden, wie nach dem Waschen.

Wie das Beispiel sich waschen zeigt, ermöglicht die ICF eine in standardisierter Sprache und genauere Beschreibung der für die Lebensbereiche relevanten Themen, die mit der Einschätzung der Gesundheit in Zusammenhang stehen. Sie belegt jede dieser Beschreibungen mit einem Code. Für die Hilfeplanung ist eine Verwendung der Codierung nicht notwendig.

Fähigkeiten und Probleme

In der ICF werden die Lebensbereiche in sinnvollen Zusammenhängen beschrieben und geordnet. Um einschätzen zu können, ob und in welchen Umfang Fähigkeiten oder Probleme bestehen, bietet die ICF Beurteilungsmerkmale an. Grundsätzliches Kriterium ist die Einschätzung der Leistungsfähigkeit in Bezug zum Schweregrad des Problems oder zum Ausmaß oder zur Größe der Beeinträchtigung oder Schädigung.
Es werden Merkmale zur Orientierung, Bezeichnung und Beschreibung von Problemen angeboten. Zentral ist die exakte Umschreibung des Problems. Um den Grad der Probleme unterscheiden zu

können, wurden sie um Prozentangaben ergänzt. Sie beschreiben die Zeit, in der das Problem mit einer Intensität und Stärke vorliegt, die jemand tolerieren und annehmen kann.

Die Sprache, die Formulierungshilfen und die Umschreibung eines Problems sind für die Hilfeplanung zweckmäßig, die Prozentangaben jedoch nicht. Bei der Hilfeplanung hat die individuelle Beschreibung immer Vorrang. Die ICF-Kriterien können dabei der Orientierung dienen.

Die folgende Aufstellung kann für die Verwendung in der alltäglichen Praxis als Arbeitsmaterial 10 auf der Internetseite des Buches heruntergeladen werden.

»Ohne große Probleme« bedeutet, dass kein Problem besteht und die Person die betreffenden Aufgaben ohne Weiteres bewältigen kann. Mögliche Beschreibungen: Problem ist nicht vorhanden (ohne, kein, unerheblich, vernachlässigbar etc.) – 0 bis 4 Prozent.

»Ein leichtes Problem« besteht dann, wenn es in weniger als 25 Prozent der Zeit mit einer Intensität und Stärke vorliegt, die jemand tolerieren und annehmen kann und wenn es in den letzten 30 Tagen selten auftrat. Mögliche Beschreibungen: Problem ist leicht ausgeprägt (schwach, gering, niedrig etc.) – 5 bis 24 Prozent.

»Ein mäßiges Problem« liegt dann vor, wenn es in weniger als 50 Prozent der Zeit mit einer Intensität und Stärke vorliegt, die jemand in der alltäglichen Lebensführung stört und es in den letzten 30 Tagen gelegentlich auftrat. Mögliche Beschreibungen: Das Problem ist mäßig ausgeprägt (mittel, ziemlich etc.) – 25 bis 49 Prozent.

»Ein schweres Problem« besteht dann, wenn jemand Dinge nicht so gut oder gar nicht gut kann. Es liegt eine erhebliche Beeinträchtigung vor, wenn das Problem mehr als 50 Prozent der Zeit mit einer Stärke und Intensität die tägliche Lebensführung der Person teilweise unterbricht und es in den letzen 30 Tagen häufig auftritt. Mögliche Beschreibungen: Das Problem ist erheblich ausgeprägt (hoch, extrem, äußerst etc.) – 50 bis 95 Prozent.

»Eine vollständige Beeinträchtigung oder ein vollständiges Problem« liegt dann vor, wenn das Problem in mehr als 95 Prozent der Zeit mit einer Intensität und Stärke vorliegt, die die tägliche Lebensführung der Person nahezu vollständig unterbricht und in den letzten 30 Tagen täglich aufgetreten ist. Mögliche Beschreibungen: Das Problem ist voll ausgeprägt (vollständig, komplett, total etc.) – 96 bis 100 Prozent.

Das bio-psycho-soziale Modell als Grundlage der ICF

Der ICF liegt ein sogenanntes bio-psycho-soziales Modell zugrunde und versteht darunter die Einbeziehung der Umweltfaktoren und deren Einfluss auf die betreffende Person. Dazu hat sie eine umfassende Sammlung von möglichen Umweltfaktoren zusammengetragen. Sie bilden die materielle, soziale und einstellungsbezogene Umwelt ab, in der Menschen leben und ihr Dasein entfalten. Dem liegt die Erkenntnis zugrunde, dass der Mensch immer in Wechselwirkung zu seiner Umwelt steht und er daher in allen seinen Lebensbereichen in diesem Zusammenhang betrachtet werden muss.

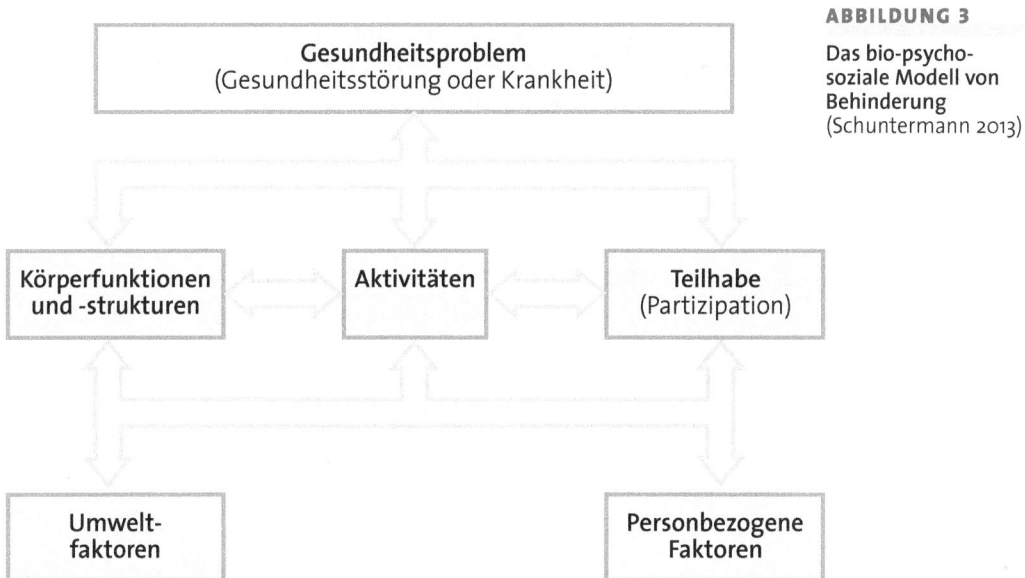

ABBILDUNG 3

Das bio-psycho-soziale Modell von Behinderung (Schuntermann 2013)

Die Leitgedanken und Motivation zur Sammlung der Einflussfaktoren lauten: Wer oder was steht mit der betroffenen Person in Wechselwirkung? Was fördert sie? Was stellt eine Barriere da? Gibt es unterstützende Beziehungen? Helfen bereits Produkte und Technologien bei einer verbesserten Teilhabe? Welchen Einfluss haben Einstellungen der Menschen aus dem sozialen Umfeld? Welche Bedeutung haben die Arbeits- und Beschäftigungsfelder? In welcher

Art und Weise treten sie in Beziehung? Welchen Einfluss hat das Lebensmilieu?

Umweltfaktoren

Unter Umweltfaktoren versteht die ICF alles das, was auf den Mensch von außen einwirkt. Dies sind Produkte und Technologien, Umwelteinflüsse, unterstützende Beziehungen, Einstellungen, Arbeits- und Beschäftigungsfelder. Im Arbeitsmaterial 11 werden diese zusammengefasst. Zur Einschätzung, wie die Umweltfaktoren sich auf dem Menschen auswirken, soll die Unterscheidung zwischen Barrieren und Förderfaktoren dienen. Leitfragen dafür sind z. B.:

- Wie umfassend wirkt sich der Umweltfaktor auf das Leben des Menschen aus?
- Schränkt er das Leben des Menschen zum Beispiel mäßig oder leicht ein?
- Welcher Umweltfaktor fördert ihn? Welcher hindert ihn, sein Leben so zu gestalten, wie es für ihn möglich wäre?
- Wie stark ausgeprägt ist der Förderfaktor?
- Wie stark ausgeprägt ist die Barriere?

In der ICF erfolgt eine Gegenüberstellung mit genauerer Definition unter Einbeziehung von Prozentsätzen. Die Unterscheidung in Umweltfaktoren als Barriere oder Förderfaktor ist auch für die Hilfeplanung sinnvoll, die Angabe des Prozentsatzes jedoch irrelevant (siehe Arbeitsmaterial 13).

Barrieren, Hindernisse, Teilhabeeinschränkung
- Barriere nicht vorhanden (ohne, kein, unerheblich etc.): 0 bis 4 Prozent
- Barriere leicht ausgeprägt (schwach, gering etc.): 5 bis 24 Prozent
- Barriere mäßig ausgeprägt (mittel, ziemlich etc.): 25 bis 49 Prozent
- Barriere erheblich ausgeprägt (hoch, äußerst etc.): 50 bis 95 Prozent
- Barriere voll ausgeprägt (komplett, total etc.): 96 bis 100 Prozent

Förderfaktoren
- Förderfaktor nicht vorhanden (ohne, kein, unerheblich etc.): 0 bis 4 Prozent
- Förderfaktor leicht ausgeprägt (schwach, gering etc.): 5 bis 24 Prozent

- Förderfaktor mäßig ausgeprägt (mittel, ziemlich etc.): 25 bis 49 Prozent
- Förderfaktor erheblich ausgeprägt (hoch, äußerst etc.): 50 bis 95 Prozent
- Förderfaktor voll ausgeprägt (komplett, total etc.): 96 bis 100 Prozent

Personenbezogene Faktoren
Personenbezogene Faktoren versteht die ICF als Prägung des Menschen in den verschiedenen Entwicklungsphasen (Alter, Alterung), über Anlagen (genetische Faktoren), körperliche Erscheinung (Physis), geistige und seelische Eigenschaften (Psyche) und Einbindung in konkrete Lebensumstände (Biografie, Soziodemografie). Sie werden in der ICF nicht klassifiziert, weil sich die Expertengruppe nicht auf eine einheitliche Klassifikation einigen konnte. Über ihre Relevanz besteht allerdings Einigung und sie sollen berücksichtigt werden.

Das bio-psycho-soziale Modell der ICF in der Hilfeplanung

Das bio-psycho-soziale Modell dient durch eine genaue Beschreibung der Lebensumstände einer ganzheitlichen Betrachtung von Menschen. Mithilfe des Modells werden die Zusammenhänge der Leistung eines Menschen, all das, was er tatsächlich tut, mit den dazugehörenden Förderfaktoren deutlich. Zudem soll die Leistungsfähigkeit, also die theoretische Leistung unter Berücksichtigung der vorhandenen Barrieren, beschrieben und in den Hilfeplan übernommen werden. Im Hilfeplan gilt es zu reflektieren, wieso jemand, der über eine theoretische Leistung verfügt, diese nicht für eine konkrete Handlung nutzt.

→ *Beispiel* Herr Wiebert ist seit seiner Geburt an Morbus Pringels erkrankt. Das ist fachärztlich diagnostiziert und bestätigt. Es besteht ein erhebliches Gesundheitsproblem mit unter anderem kognitiven Einschränkungen, Schmerzen durch gutartige Tumore an Organen und der Körperhaut sowie Epilepsie (ICF: Körperfunktionen und -strukturen).

Gesundheitsproblem von Herrn Wiebert	Morbus Pringels, Epilepsie, geistige Behinderung mit stark herausfordern

Körperfunktionen und -strukturen	Aktivitäten, Leistungsfähigkeit	Teilhabe
(−) Kognitive Einschränkungen	(+) Orientierung im Tages- und Wochenablauf	(+) nimmt an Gottesdiensten der Gemeinde teil
(−) Schmerzen durch Veränderungen auf Organen und Körperhaut	(+) Orientierung in der ihm vertrauten Umgebung	(−) eine weitere Einbindung in die Gemeinde ist derzeit nicht möglich
(−) Epilepsie	(+) spricht abends einzelne Wörter	(−) kann sich seine Freizeit nicht selbständig organisieren
	(−) Kommunikationseinschränkung,	
	(−) Kommunikationseinschränkung, kann dadurch Interessen, Wünsche und Bedürfnisse nicht Kommunizieren	
	(−) Probleme, einfache hauswirtschaftliche Tätigkeiten auszuführen	
	(−) Schwierigkeiten, Gefahren im Straßenverkehr zu erkennen	

ABBILDUNG 4

Psychosoziales Modell nach ICF für Herrn Wiebert (Auszug)

Das bio-psycho-soziale Modell der ICF betrachtet die Aktivitäten von Herrn Wiebert unter Berücksichtigung seiner Förderfaktoren und Barrieren (siehe Abbildung 4).

- Beispielsweise kann sich Herr Wiebert in der ihm vertrauten Umgebung orientieren. Das wird im Modell mit einem (+) als positives Merkmal seiner Leistung gekennzeichnet: (+) Aktivitäten/Leistung.
- Er nimmt aufgrund dieser Fähigkeit an den Gottesdiensten der Gemeinde teil, was durch die verkehrsgünstige Lage des Wohnverbundes möglich ist. In der Sprache der ICF gilt dies als positiver Förderfaktor für den Bereich der Umweltfaktoren: (+) Umweltfaktoren.
- Dass er eine Religion ausübt, gilt als positiver personenbezogener Faktor: (+) personenbezogener Faktor. Seine Assistenten erinnern ihn mithilfe seines Wochenplanes regelmäßig an diesen Termin, was ebenfalls ein Förderfaktor und ein positiver Umweltfaktor ist: (+) Umweltfaktor.
- Da die Gemeindemitglieder an den sichtbaren Tumoren im Gesicht von Herrn Wiebert Anstoß nehmen, ist dies ein negativer Umweltfaktor: (−) Umweltfaktor und eine weitere Einbindung in die Kirchengemeinde derzeit nicht möglich: (−) Teilhabe.

Der Unterschied zwischen Leistung und Leistungsfähigkeit wird anhand der alltäglichen häuslichen Arbeit deutlich. Herr Wiebert altensweisen

Umweltfaktoren

(+) verkehrsgünstige Lage
des Wohnverbunds

(+) klare Strukturen und verbal angeleitete Handlungsabläufe,
täglich vorgegeben von ihm bekannten Personen

(+) Wochenplan mit Bildsymbolen

(−) Förderung der Selbständigkeit fand wegen Fürsorglichkeit
der Mutter nicht statt

(−) Gemeinde nimmt Anstoß an seinem Äußeren

Personenbezogene Faktoren

(+) Interesse an Musik und Spiritualität,
gefördert im Elternhaus

(−) Eltern nahmen Hilfen von außen nicht an,
Förderung fand nicht statt

verfügt über alle notwendigen körperlichen Voraussetzungen, um sich an einfachen Aufgaben der Haushaltsführung zu beteiligen. Aufgrund dieser vorhandenen Voraussetzungen wäre er in der Lage, beispielsweise Staub zu wischen oder abzuwaschen (Leistungsfähigkeit ist vorhanden). Dies macht er jedoch nicht.

- In der Sprache der ICF heißt das: (−) Aktivitäten/Leistungsfähigkeit. Aufgabe der unterstützenden Personen ist es, zu erfragen, wieso er dies nicht tut. Das soll anhand der Liste der Umweltfaktoren und der personenbezogenen Faktoren beurteilt werden.
- Seine Mutter gilt als Unterstützung aus dem engsten Familienkreis. Sie übernahm alle Aufgaben stellvertretend für ihren Sohn. Das war fürsorglich gemeint, aber Herr Wiebert konnte keine Selbstständigkeit entwickeln. Das führt zu einem Minus bei den Umweltfaktoren, ihre Unterstützung war eine leichte Barriere zur Selbstständigkeit: (−) Umweltfaktor.
- Herr Wiebert konnte seine Fähigkeiten also nicht entwickeln bzw. erhalten: (−) personenbezogener Faktor. Jetzt helfen ihm klare Strukturen und Anleitungen durch die ihm vertrauten Personen der Einrichtung. Hier handelt es sich um eine täglich stattfindende Unterstützung und somit um einen ausgeprägten Förderfaktoren: (+) Umweltfaktor.

Auch für den Lebensbereich der sozialen Beziehungen, der in der ICF in den Kapiteln Kommunikation und Interpersonelle Interaktion abzuleiten ist, lässt sich der Unterschied zwischen Leistung und Leistungsfähigkeit verdeutlichen.

- Herr Wiebert spricht einzelne Wörter und reflektiert seine Erlebnisse: (+) Aktivitäten/Leistung. Eine umfangreiche Konversation und Diskussion ist mit ihm allerdings nicht möglich. (−) Aktivitäten/Leistung, obwohl er dafür eigentlich in der Lage zu sein scheint (Leistungsfähigkeit vorhanden).
- Weil er seine Wünsche und Bedürfnisse nicht ausreichend kommunizieren kann, schränkt dies seine Teilhabe am Leben in der Gesellschaft massiv ein. Seine Kommunikationsfähigkeit wurde durch die fehlende Förderung in der Kindheit behindert: (−) personenbezogener Faktor.
- Gefördert wird er durch einen Wochenplan mit Bildsymbolen: (+) Umweltfaktor. Er nutzt ihn zur Orientierung im Tages- und Wochenablauf: (+) Aktivitäten/Leistung. Ziel ist die langfristige Entwicklung einer alternativen Kommunikationsform. x

Gemäß der Empfehlung der ICF ergeben sich aus den Informationen Kriterien, um die Lebenssituation eines Menschen mit Hilfebedarf umfassend und individuell beurteilen zu können. Das ist auch das Anliegen der individuellen Hilfeplanung. Ob in der Pflege, der Eingliederungshilfe oder in Reha-Einrichtungen – überall sind Instrumente entwickelt worden, um die Menschen genauer zu verstehen und die Hilfen individuell beschreiben und gestalten zu können. Die ICF kann zu einer Annäherung unterschiedlicher Instrumente und Kriterien beitragen. Der Datensatz der ICF bildet deswegen die Grundlage der Checklisten zu den Lebensbereichen in diesem Buch.

Lebensbereiche bei der Hilfeplanung und in der ICF

Auch wenn es regional unterschiedliche Hilfepläne gibt, wird der Hilfebedarf weitgehend in der Reihenfolge der fünf Lebensbereiche beschrieben:

- Wohnen
- Arbeit
- Soziale Beziehungen
- Freizeit
- Gesundheit

Die Domänen und die ihnen zugeordneten Aktivitätsbereiche der ICF sind allerdings anders geordnet als diese Lebensbereiche in der Hilfeplanung.
- Klassifikationen der Körperfunktionen
  - Mentale Funktionen
  - Sinnesfunktionen und Schmerz
- Klassifikationen der Körperstrukturen
- Klassifikationen der Aktivitäten und Partizipation
- Lernen und Wissensanwendung
- Allgemeine Aufgaben und Anforderungen
- Kommunikation
- Mobilität
- Selbstversorgung
- Häusliches Leben
- Interpersonelle Interaktionen und Beziehungen
- Bedeutende Lebensbereiche
- Gemeinschafts-, soziales und staatsbürgerliches Leben

Hilfeplanung, so wie sie hier beschrieben wird, ist aus der Eingliederungshilfe entwickelt wurden. Sie widmet sich vorrangig der Frage: Was braucht der Mensch zum selbstständigen Wohnen? Das soll anhand der Lebensbereiche Wohnen, Arbeit, soziale Beziehungen, Freizeit sowie für weitere wichtige Lebensbereiche beschrieben werden.

In der ICF dagegen dienen die Leitfragen der Beurteilung und Beschreibung der funktionalen Gesundheit eines Menschen. Das führt zu einem anderen Index. Dennoch ist der hierfür zusammengetragene Datensatz so umfangreich, dass in ihm die für die Hilfeplanung relevanten Lebensbereiche zu finden sind. Wenn auch die Begrifflichkeiten leicht voneinander abweichen, lassen sie sich doch den Kapiteln der ICF entnehmen. In den Arbeitsmaterialien 5 bis 13 ist das in Form von Checklisten erfolgt.

Aus den Überschriften der Checklisten geht hervor, um welchen Lebensbereich es sich handelt und welche ICF-Klassifikation sich in dem Arbeitsmaterial wiederfinden. Als Beispiel dient ein Auszug der im folgendem vorgestellten Checkliste zum Lebensbereich Wohnen. In den Checklisten wurden nur die Hauptüberschriften der ICF (z.B. »Sich waschen«) verwendet und die Details (»Körperteile waschen«) der individuellen Beschreibung überlassen. Bei Unsicherheiten können Leserinnen und Leser die vollständige Version des ICF hinzuzuziehen.

Als Beispiel dient ein Auszug der im Folgenden vorgestellten Checkliste zum Lebensbereich Wohnen. In den Checklisten wurden nur die Hauptüberschriften der ICF (z. B. »Sich waschen«) verwendet und die Details (»Körperteile waschen«) der individuellen Beschreibung überlassen. Bei Unsicherheit können Leserinnen und Leser die vollständige Version des ICF hinzuziehen.

Auszug aus der Checkliste Wohnen (Arbeitsmaterial 5)

5.1 ICF: Selbstversorgung
Diese Checkliste befasst sich mit der eigenen Versorgung, dem Waschen, Abtrocknen und der Pflege des eigenen Körpers und seiner Teile, dem An- und Ablegen von Kleidung, dem Essen und Trinken und der Sorge um die eigene Gesundheit.

d510 Sich waschen
Den ganzen Körper oder Körperteile mit Wasser und geeigneten Reinigungs- und Abtrocknungsmaterialien oder -methoden zu waschen und abzutrocknen, wie baden, duschen, Hände, Füße, Gesicht und Haare waschen und mit einem Handtuch abtrocknen.

5.2 ICF: Häusliches Leben
Die Checkliste befasst sich mit häuslichen und alltäglichen Handlungen und Aufgaben. Diese umfassen die Beschaffung von Wohnung, Lebensmitteln, Kleidung und anderen Notwendigkeiten, Reinigungs- und Reparaturarbeiten im Haushalt, die Pflege von persönlichen und anderen Haushaltsgegenständen, die Hilfe für andere und den Umgang mit Finanzen.

d610 Wohnraum beschaffen
Ein Haus, ein Appartement oder eine Wohnung zu kaufen, zu mieten, zu möblieren und die Möbel aufzustellen.

5.3 ICF: Wirtschaftliches Leben (dem Kapitel bedeutende Lebensbereiche entnommen)
Dieses Kapitel befasst sich mit dem Umgang mit Finanzen.

d860 Elementare wirtschaftliche Transaktionen
Sich an jeder Form einfacher wirtschaftlicher Transaktionen zu beteiligen, wie Geld zum Einkaufen von Nahrungsmitteln benutzen oder Tauschhandel treiben, Güter oder Dienstleistungen austauschen oder Geld sparen.

Die ICF und das Metzler-Verfahren

Das Metzler-Verfahren ist ein von Dr. Heidrun Metzler im Auftrag der Fachverbände der Behindertenhilfe entwickeltes Verfahren zur Ermittlung des Hilfebedarfs von Menschen mit Behinderung (HMB-Verfahren) und ist in Deutschland weitverbreitet. Viele Kostenträger – vorrangig stationäre Einrichtungen und Angebote für Menschen mit kognitiver und körperlicher Behinderung in den Bereichen Wohnen, Tagesstruktur und Arbeit – legen auf dieser Basis den Umfang der finanziellen Unterstützung für Menschen mit Behinderung in den Einrichtungen der Behindertenhilfe fest.

Dabei werden die Menschen in eine von fünf Hilfebedarfsgruppen eingeordnet, was Konsequenzen für die Höhe der Vergütung hat. Das HMB-Verfahren soll einen Vergleich und die Zuordnung von Personen zu Gruppen mit ähnlichem Hilfebedarf gewährleisten. Allerdings wird jeder Einrichtung ein individueller Finanzrahmen gewährt. So kann für eine Person mit Behinderung in unterschiedlichen Einrichtungen eine unterschiedliche Kostenerstattung erfolgen. Das HMB-Verfahren ist aber für die stationäre Hilfe für Menschen mit kognitiver Einschränkung nach wie vor vielerorts die Grundlage für die Hilfepläne.

Im Erhebungsbogen des Metzler-Verfahrens wird der regelmäßige Hilfebedarf eines Menschen mit Einschränkungen in den Bereichen »alltägliche Lebensführung«, »individuelle Basisversorgung«, »Gestaltung sozialer Beziehungen«, »Teilhabe am kulturellen und gesellschaftlichen Leben«, »Kommunikation und Orientierung«, »emotionale und psychische Entwicklung« sowie »Gesundheitsförderung und -erhaltung« abgefragt. Jeder Bereich wird in Items unterteilt, innerhalb derer die Einteilung des Unterstützungsbedarfs in vier Kategorien erfolgt. Das ähnelt der ICF, die Sprache ist aber eine andere. Das macht die anschließende Erstellung eines individuellen Hilfeplans nicht einfach.

Nur ein mithilfe der ICF beschriebener Unterstützungsbedarf wird zurzeit auf Grundlage der Einstufung der Metzler-Kriterien finanziert. Dies erfordert die Abstimmung beider Verfahren zur Beschreibung des Unterstützungsbedarfs eines Menschen. Um den Vergleich von ICF und dem Metzler-Verfahren zu erleichtern, haben wir im Arbeitsmaterial 4 (Gesprächsleitfaden in Leichter Sprache) die ICF-Kategorisierung und die Metzler-Items zusammengefügt und erläutert.

Im Umgang mit Menschen, die kognitiv eingeschränkt sind, gibt es Besonderheiten bei der individuellen Hilfeplanung. Sie können in ihren Sprach- und Sprechfähigkeiten eingeschränkt sein und manche Fragen nicht verstehen bzw. beantworten. Deswegen wird empfohlen, den Gesprächsleitfaden (Arbeitsmaterial 3 bzw. 4, Auszug auf S. 47 und 48) zu nutzen. Beide verwenden eine Leichte Sprache. Ist das dennoch zu anspruchsvoll, kann das Hilfeplangespräch auch mit alternativen Kommunikationsformen gestaltet werden.

Menschen mit kognitiven Einschränkungen, herausforderndem Verhalten oder komplexen Mehrfachbehinderungen leben häufig bereits seit ihrer Kindheit in stationären Wohneinrichtungen und kennen keine Alternative. Solche Alternativen zu vermitteln, ist eine große Herausforderung. Hilfreich sind die im Kapitel zur Gesprächshaltung empfohlenen Grundhaltungen: Seien Sie flexibel, gehen Sie im Gespräch einen Schritt zurück und stellen Sie sich auf das kognitive Tempo Ihres Gegenübers ein. Die wesentliche Aufgabe der helfenden Personen besteht darin, Methoden zu finden, um Komplexität zu vereinfachen, eine angemessene Haltung einzunehmen und die Ergebnisse zu übertragen. Auch Alltagsbeobachtungen können hilfreich sein, um Wünsche und Bedürfnisse von nicht sprechenden Menschen zu erkennen und im Hilfeplan zu beschreiben.

TIPP
Beschreiben Sie Aktivitäten und Probleme individuell und wenn nötig auch die kleinsten Schritte. Sehen Sie auch geringe Aktivitäten als Fähigkeit und beschreiben Sie diese im Hilfeplan.

→ Beispiel Herr Wiebert nimmt mit seiner persönlichen Assistentin Frau Lindemann am Hilfeplangespräch teil. Da Herr Wiebert im Gespräch sehr wenig spricht, ergänzt sie seine Angaben sehr ausführlich mit Beispielen seines Alltags. So konnten seine für andere nicht erkennbaren Fähigkeiten in der Hilfeplanung berücksichtigt werden. ×

ABBILDUNG 5 Auszug aus Arbeitsmaterial 4

Arbeitsmaterial 4: Gesprächsleitfaden für Menschen mit kognitiven Einschränkungen (stationär)

TIPP ZUR NUTZUNG DIESES ARBEITSMATERIALS: Zum Abgleich der unterschiedlichen Erhebungsmodelle wurden die Metzler-Items den ICF-Items zugeordnet. Zur zielführenden Gesprächsführung müssen die folgenden Fragen ggf. der individuellen Kommunikationsfähigkeit angepasst werden.

Einstimmung

Wissen Sie noch, wieso wir uns heute treffen?
Sie müssen beim Sozialamt einen neuen Hilfeplan einreichen.
Wir besprechen heute, was Sie gut können und nicht so gut können.
Wobei Sie Hilfe benötigen und welche Wünsche Sie haben.
Das steht dann im Hilfeplan.
Wenn Sie eine Pause benötigen, sagen Sie das bitte.
Sie können mich fragen, wenn Sie etwas nicht verstanden haben.

Erster Schritt: Fragen zur Gegenwart (derzeitigen Situation) und zur Zukunft (Leitziele)

Die Leitziele werden unkommentiert bei der Frage »I. Angestrebte Wohn- und Lebensform« übernommen. Die derzeitige Situation wird im IHP3 bei der Frage »II. Wie und wo ich jetzt lebe« beschrieben.

Wohnen

Gegenwart (IHP3: »Wie und wo ich jetzt lebe«, Bereich Wohnen)
- Wo wohnen Sie jetzt?
- Mit wem wohnen Sie zusammen?
- Wohnen Sie gerne hier?

Zukunft (IHP3: »Wie und wo ich wohnen will«)
- Wo möchten Sie gerne wohnen? In welcher Stadt? In welcher Straße?
- Möchten Sie alleine wohnen oder mit jemandem zusammen? Mit wem möchten Sie zusammen wohnen?
- Wie soll die Wohnung/das Zimmer eingerichtet sein?
- Möchten Sie weiterhin hier in der Wohneinrichtung wohnen?

TIPP ZU ZWISCHENFRAGEN IN ALLEN LEBENSBEREICHEN: Was möchten Sie am liebsten (von alledem) in ihrem Leben ändern?

Arbeit und Beschäftigung

Gegenwart (IHP3: »Wie und wo ich jetzt lebe«, Bereich Arbeit und Beschäftigung)
- Gehen Sie arbeiten/zur Schule?
- Wo gehen Sie arbeiten?
- Was machen Sie dort?
- Wie oft gehen Sie dort arbeiten?

Ziele (IHP3: »Was ich den Tag über tun oder arbeiten will«)
- Wo wollen Sie gerne arbeiten?
- Als was wollen Sie gerne arbeiten?
- Gibt es einen Beruf, den Sie gerne erlernen würden, eine Arbeit, die Sie gerne aufnehmen möchten?
- Was können Sie besonders gut?
- Womit möchten Sie sich gerne beschäftigen?
- Was möchten Sie gerne lernen?
- Was möchten Sie tagsüber machen?

Eltern, Freunde, Bekannte, unterstützende Personen und Kollegen

Gegenwart (IHP3: »Wie und wo ich jetzt lebe«, Bereich soziale Beziehungen)
- Wen mögen Sie?
- Wer sind Ihre Freunde? Mit wem sind Sie gerne zusammen?
- Wer ist oft bei Ihnen?
- Mit wem machen Sie gerne etwas?

Ziele (IHP3: »Wie ich mit anderen Menschen zusammenleben will«)
- Mit wem möchten Sie zusammen sein?
- Wen möchten Sie kennenlernen?
- Möchten Sie weiterhin mit diesen Menschen zusammen sein?

Freizeit und Kultur

Gegenwart (IHP3: »Wie und wo ich jetzt lebe«, Bereich Freizeit)
- Was machen Sie gerne nach Ihrer Arbeit? Was machen Sie gerne nachmittags?
- Was machen Sie gerne am Wochenende?
- Was machen Sie, wenn Sie Urlaub haben?
- Haben Sie Hobbys?
- Was macht Ihnen besonders Spaß?

Ziele (IHP3: »Was ich in meiner Freizeit machen will«)
- Was wollen Sie in Zukunft in Ihrer Freizeit gerne machen?
- Möchten Sie in Ihrer Freizeit etwas Neues lernen?

Und was sonst noch wichtig ist

Gegenwart (IHP3: »Wie und wo ich jetzt lebe«, Bereich Gesundheit etc. sowie IHP3: »Was weiter wichtig ist, um mich oder meine Situation zu verstehen«)
- Wie gesund fühlen Sie sich?
- Wie wichtig ist die Gesundheit für Sie?
- Gehen Sie regelmäßig zum Arzt?
- Gibt es noch etwas wichtiges, was wir besprechen sollen?

Ziele (IHP3: »Was mir sonst noch sehr wichtig ist«)
- Was soll noch im nächsten Jahr passieren?
- Was wünschen Sie sich für Ihre Gesundheit?

Inklusion als Element der Teilhabe

Im UN-Übereinkommen ist Inklusion (Einbeziehung) neben Integration (Eingliederung) und Partizipation (Beteiligung) die Grundlage der Hilfeplanung und Hilfeleistung. Dabei ist Inklusion das aktuellere Paradigma. Die Abgrenzung zwischen den Begriffen bleibt jedoch undeutlich. Gerd GRAMPP u.a. (2013) vermitteln in ihrem Buch »Teilhabe, Teilhabemanagement und die ICF« eine gelungene Orientierung. Sie begreifen Inklusion, Integration und Partizipation, aber auch Subvention als Bestandteile der Teilhabe.
Inklusion ist demnach die Einbeziehung behinderter Menschen nach der Veränderung der Verhältnisse in die für sie relevante Lebensbereiche. Das erfordert die Anwendung des bio-psycho-sozialen Modells nach der ICF. Integration wird als Eingliederung behinderter Menschen nach Veränderung ihres Verhaltens in ihren relevanten Lebensbereichen verstanden. Partizipation beinhaltet ihre Beteiligung, damit der behinderte Mensch seine Interessen einbringen kann und die Chance hat, diese zu verwirklichen. Subventionen sind die notwendigen Leistungen der Gesellschaft zur Förderung von Inklusion und Integration. Hilfeplanung erstreckt sich über alle Bestandteile. Sie soll dazu beitragen, dass allen Menschen in allen gesellschaftlichen Bereichen eine selbstbestimmte und gleichberechtigte Teilhabe möglich ist.
Inklusion, Integration und Partizipation sind das aktive Einbeziehen durch die Gesellschaft, also der Menschen aus dem sozialen Umfeld (Angehörige, Freunde, Nachbarn, Mitbürger etc.). Klaus DÖRNER (2010) bringt das auf den Punkt: »Nur Bürger integrieren Bürger.« Gelingt ihnen das nicht aus eigener Kraft, wird es zur Aufgabe von Einrichtungen und Diensten, sie dabei zu unterstützen und ihnen zu helfen, sich dazu zu befähigen.
Dabei haben die Akteure im Feld der psychosozialen Hilfen die vorrangige Aufgabe, an einer Veränderung der Umweltbedingungen mit dem Ziel mitzuwirken, die Inklusion des Menschen mit Behinderung zu gewährleisten. Zu diesem Zwecke müssen sie die Qualität ihrer Arbeit sichern, die Hilfen abstimmen, kommunizieren, kooperieren und in Netzwerken zusammenarbeiten. Folgt man diesem Gedanken, findet die Hilfe hauptsächlich im Sozialraum statt, dem Ort der Vorlieben und Beziehungen aller Men-

schen. Inklusion ist in erster Hilfe zur Selbsthilfe, die dazu dienen soll, unabhängig von bezahlter Hilfe zu werden.

→ Beispiel Jutta Baier wohnt in ihrer eigenen Wohnung in einem kleinen Dorf am Niederrhein. Ihr wurde Borderline diagnostiziert und sie war suchtkrank. Seit Jahren ist sie »trocken« und hat eine große Disziplin entwickelt, keinen Alkohol mehr zu sich zu nehmen. In der Klinik ist sie als gewaltbereit bekannt und gilt als sehr schwierig. Sie wurde über Jahre vom Sozialpsychiatrischen Zentrum (SPZ) begleitet. Als ihr Bezugsbetreuer in die Leitung wechselt, übergibt er die Zuständigkeit an einen Kollegen. Die Begleitung durch den neuen Mitarbeiter gelingt allerdings nicht. Jutta Baier erfährt das als Beziehungsverlust und ist enttäuscht. Die Spannungen werden größer. Auch die gesetzliche Betreuerin ist ratlos und besorgt.
Ihr ehemaliger Bezugsbetreuer empfiehlt ihnen Alexander Schneider. Dieser nimmt Kontakt zu Frau Baier auf und übernimmt die Begleitung. Zu dieser Zeit ist Jutta Baier mit ihren Eltern zerstritten und hat den Kontakt zu allen Angehörigen und vielen Freunden abgebrochen. Es gibt häufige Krisen mit Selbstverletzungen. Sie ist verbal aggressiv und droht auch, übergriffig werden zu können. Frau Baier geht zwar regelmäßig zur Psychotherapie und zur ihrer Psychiaterin, verweigert aber jeglichen Kontakt zu anderen Psychiatrie-Erfahrenen: »Mit denen komm ich nicht klar«, sagt sie und bevorzugte den Kontakt zu »normalen« Menschen aus ihrem sozialen Umfeld. Das ist vor allem die Freundschaft zu dem jungen Paar Robert und Daniela Janssen. Jutta Baier möchte auf jeden Fall außerhalb der Psychiatrieszene ihr Leben leben.
Alexander Schneider bietet Betreutes Wohnen an. Für ihn ist das Betreute Wohnen Hilfe zur Teilhabe. Er versteht dies nicht als Betreuung, sondern als Unterstützung. Das Beziehungsangebot ist die Begleitung in einem bestimmten Lebensabschnitt, die Hilfe dauert so lange, wie es notwendig ist und basiert auf langfristiger Beziehungskontinuität. Im Fall von Jutta Baier ist Inklusion im sozialen Umfeld Leitziel der Hilfeplanung.
Betreutes Wohnen trägt auch zur Stärkung und Wiederherstellung sozialer Netzwerke bei. Dazu gehört vorrangig der Dialog mit den Menschen im Umfeld von Frau Baier, mit ihrer Familie und ihren Freunden. In ihrem Hilfeplan werden deswegen folgende Ziele formuliert: Sie lebt außerhalb der Psychiatrieszene und hat ihren Platz in der Gemeinde. Das soziale Netzwerk ist ihr primäres Lebensumfeld. Die Personen des sozialen Umfelds (Angehörige, Freunde etc.)

verstehen ihre Besonderheiten und können mit ihrer anderen Lebensart umgehen. Sie akzeptieren und integrieren Frau Baier, und sie gehört selbstverständlich dazu.

Alexander Schneider hat Erfahrungen im Umgang mit Menschen, die an Borderline erkrankt sind. Das hat Einfluss auf die Art und Weise der Beziehungsgestaltung, Kommunikation und auf die spezifischen Maßnahmen. Als koordinierender Prozessbegleiter im Lebensfeld von Jutta Baier trifft er sich zunächst regelmäßig mit ihr und ihrer gesetzlichen Betreuerin. Er begleitet Frau Baier zur Psychotherapeutin und zur Psychiaterin und stellt sich vor. Die Kontakte nutzt er, um zu verabreden, welche Hilfen in Krisen sinnvoll sind, wer dann was und wann tut. In der Folge stellt sich dies als besonders erfolgreich heraus, weil Jutta Baier die Erfahrung macht, tragfähige und funktionierende Beziehungen in professionellem Umfeld zu haben.

Parallel besucht er gemeinsam mit Jutta Baier ihre Freunde Robert und Daniela Janssen. Er bietet ihnen an, ihn bei Konflikten anzurufen und erklärt ihnen die Besonderheiten des Krankheitsbildes Borderline. Mit Erlaubnis von Jutta Baier nimmt er ebenfalls Kontakt zu ihren Eltern auf und besucht die Mutter. Es gelingt ihm, zwischen der Mutter und Jutta wieder Kontakt herzustellen und er führt gemeinsame Gespräche mit ihnen. Mit seiner Hilfe gelingt ein wechselseitiges Verstehen und es kommt zu regelmäßigen Treffen. Das Angebot an die Eltern, Alexander Schneider anrufen zu dürfen, wenn sie rat- oder hilflos sind, ist für die Mutter besonders entlastend. Meldet sie sich längere Zeit nicht, ruft Herr Schneider sie an oder fährt zu ihr. Das Verhältnis in der Familie entspannt sich spürbar und der Kontakt ist stabil.

In der Folge blüht auch der Kontakt Jutta Baiers zu ihrer Freundin Erna Kräling wieder auf, eine in der Region bekannte Wirtin, die in dem Dorf ein Café in einem umgewidmeten Eisenbahnwagon betreibt. Mit der Erlaubnis von Jutta Baier lernt Herr Schneider auch Erna Kräling kennen und erlebt sie als lebenserfahrene und bodenständige Frau. Sie ist skeptisch gegenüber »Sozialfuzzis« und testet Herrn Schneider gründlich. Schließlich akzeptiert sie ihn nach einigen Gesprächen. Jutta Baier ist Stammgast in ihrem Café. Regelmäßig treffen sich Erna Kräling, Jutta Baier und Alexander Schneider und sprechen über alle möglichen Probleme. Erna Baier profitiert von der Moderation und Fachkenntnis von Alexander Schneider, und er von der couragierten und engagierten Haltung von Erna Kräling.

Alle drei Monate kommt die gesetzliche Betreuerin dazu. Jutta Baier lebt inzwischen seit mehr als zwei Jahren außerhalb der Psychiatrieszene, ist psychisch so stabil wie nie zuvor und hat ihr eigenes soziales Netz in ihrer Heimatregion. Das professionelle Hilfenetz ist nach einem Jahr der Unterstützung in den Hintergrund getreten und hat bei allen Kriseninterventionen wegen der guten Absprachen sehr gut funktioniert. Das sorgte für Vertrauen bei Jutta Baier. Sie pflegt weiterhin ein entspanntes und nahezu konfliktfreies Verhältnis zu ihren Eltern, besucht sie, hilft bei häuslichen Angelegenheiten, telefoniert regelmäßig mit ihnen und ist bei allen Familienfesten wieder dabei. Als Stammgast im Café, genießt Jutta Baier Ansehen und Respekt bei den anderen Gästen. Alexander Schneider ist der »koordinierende Prozessbegleiter im Lebensfeld«. Er wird von allen geachtet und sein Rat ist ihnen wichtig. Im Café gilt er als jemand, der Jutta unterstützt und der einem gut zwischenmenschliche Probleme erklären kann.

Jutta Baier, Erna Kräling und Alexander Schneider wissen, dass er sie langfristig unterstützen wird und seine Unterstützung weniger werden wird. Vielleicht ist sie irgendwann nicht mehr erforderlich. ×

Jutta Baiers Wunsch war die Teilhabe am gesellschaftlichen Leben in ihrer Heimatstadt. Mithilfe des Betreuten Wohnens und anderen unterstützenden Leistungen wurden die Verhältnisse in den für sie wichtigen Lebensbereich – die sozialen Beziehungen zur Familie, Freunden und Mitbürgern – so verändert, dass sie tragfähig sind. Sie wurde wieder einbezogen. Im Prozess der Unterstützung lernte sie u.a., ihr Verhalten zu verändern und sich den Verhältnissen anzupassen. Das wurde von allen Beteiligten angenommen. Sie ist in ihrem sozialen Netzwerk aktiv, bringt sich ein, verwirklicht ihre Ziele und wird von allen akzeptiert.

Menschen mit Unterstützungsbedarf: Wie können sie dazu beitragen, dass individuelle Hilfeplanung gelingt?

Die Hilfeplanung widmet sich dem Anliegen, Menschen mit wesentlichen Beeinträchtigungen die Teilhabe am gesellschaftlichen Leben zu ermöglichen. Das geschieht am einfachsten, wenn der Betreffende selbst daran Interesse hat. Er kann das Wichtigste dazu beitragen: seine Bereitschaft zu Kontakt und Kommunikation. In den Hilfeplangesprächen geht es um ihn, er ist die wichtigste Person. Je mehr es dem Betroffenen gelingt, seine eigenen Sichtweisen und Wünsche zum Ausdruck zu bringen, umso eindeutiger kann ver- und gehandelt werden.

Er hat grundsätzlich die Verantwortung für sich selbst. Auch wenn andere Menschen aus dem Lebensumfeld an der Hilfeplanung beteiligt sind, heißt das nicht, dass das, was die Angehörigen oder die Professionellen meinen, auch richtig ist und so umgesetzt werden muss. Andere Meinungen zu berücksichtigen, bedeutet eine Erweiterung der Perspektiven.

Sich aktiv beteiligen

Das SGB IX sieht die Gesellschaft in der Pflicht die »Selbstbestimmung und gleichberechtigte Teilhabe am Leben in der Gesellschaft zu fördern, Benachteiligung zu vermeiden oder ihnen entgegenzuwirken«. Eine gute Voraussetzung dafür ist es, wenn der Mensch mit Unterstützungsbedarf sich aktiv daran beteiligt.

Dass man auf Hilfe angewiesen ist, heißt nicht, dass man ohnmächtig dem Hilfesystem gegenübersteht. Menschen mit Unterstützungsbedarf sind in den letzten Jahren zunehmend auch unabhängig von der konkreten Hilfeplanung initiativ geworden, ihr Leben trotz Einschränkungen und Abhängigkeit von Einrichtungen und Diensten selbst in die Hand zu nehmen. Sie nutzen Möglichkeiten zur Nutzerbeteiligung, wo diese in Einrichtungen oder bei Diensten angeboten werden, unterstützen sich wechselseitig in Selbsthilfegruppen und organisieren sich in Vereinen.

Die Beteiligung bei der Erstellung und Diskussion des Hilfeplans ist eine Grundvoraussetzung und inzwischen weitgehend selbstverständlich. Wesentlicher Bestandteil der Hilfepläne ist die Sichtweise des Menschen mit Unterstützungsbedarf in seinen eigenen Worten.

> **TIPP**
> Informationen über Selbsthilfeaktivitäten finden Sie auf der Internetseite der Nationalen Kontakt- und Informationsstelle zur Anregung und Unterstützung von Selbsthilfeaktivitäten (www.nakos.de).

→ Beispiel Thomas Richter hat sich mit Unterstützung seiner Betreuerin und seiner Mutter aktiv an der Hilfeplanung beteiligt. Nicht nur seine Wünsche und Ziele wurden in den Hilfeplan aufgenommen, auch seine spezielle Ausdrucksweise hat Eingang gefunden: »Also mein Zimmer mach ich selber. Spülen kann ich gut und jedenfalls schon aufräumen. Geschirr in den Schrank tun und Spülmaschine einräumen. Ich kann auch Küche putzen. Badezimmer hab ich auch schon gemacht. Auch die Treppe putzen. In mein Zimmer tu ich meistens auch Staub putzen. Sonst hab ich keine Probleme.« ✗

Das, was Herrn Richter möglich ist, gelingt nicht allen. Es muss allerdings berücksichtigt werden, dass jeder seinen Hilfebedarf und was er kann, in seiner individuellen Art formulieren kann. Sollte er aufgrund seiner Lebenssituation dazu nicht in der Lage sein, können das ersatzweise Menschen aus seinem Lebensumfeld in seinem Beisein und in seinem Interesse für ihn tun. Auch diejenigen, die sich sprachlich nicht ausdrücken können, müssen die Möglichkeit haben, ihre Wünsche, Ziele und Bedürfnisse zum Ausdruck zu bringen. Sie können das beispielsweise mit Gestik, Mimik und mithilfe von kreativen Materialien oder Medien tun.

> **TIPP**
> Für eine barrierefreie Kommunikation und für die Verwendung einer Leichten Sprache gibt es Materialien im Internet unter www.people1.de.

Manchmal können die Wünsche der Menschen mit Unterstützungsbedarf paradox, nicht durchführbar oder provokant sein und den notwendigen Hilfemaßnahmen widersprechen. Dabei kann gerade die Auseinandersetzung mit unrealistischen Wünschen diese bereichern.

Nicht allen scheint es zunächst möglich zu sein, sich aktiv an der Hilfeplanung zu beteiligen. Möglich und sinnvoll ist es jedoch, auf ihre ganz spezifische Sichtweise in den Gesprächen, im Hilfeplan und in der Hilfeplankonferenz einzugehen und diese zu berücksichtigen. Erfahrungen des Landschaftsverbandes Rheinland zeigen, dass dies mit entsprechenden Hilfsmitteln auch für Menschen möglich ist, die eine eigene Sprache und Kommunikationsform entwickelt haben oder sich verbal nicht äußern können. Ein entsprechender Methodenkoffer dient dazu, Erfahrungen, Wünsche und Ziele spielerisch auszudrücken. Voraussetzung hierfür ist, dass der Mensch mit diesen Kommunikationsmethoden vertraut ist.

In aller Regel gibt es Personen, die den Menschen mit Unterstützungsbedarf gut kennen und die in der Lage sind, stellvertretend seinen Hilfebedarf zu formulieren. Das können Angehörige, Freunde oder professionelle Helfer sein. Bei der Erstellung des Hilfeplans sollten sie deswegen beteiligt werden. Formulieren Sie ersatzweise den Hilfebedarf, sollte es zum fachlichen Standard gehören, genau zu beurteilen, ob die Hilfemaßnahmen tatsächlich den Wünschen des Menschen mit Unterstützungsbedarf entsprechen. Das persönliche Tempo, Inhalte zu verstehen, der Kommunikation zu folgen und sich äußern zu können, muss besonders beachtet werden.

TIPP

Führen Sie Hilfeplangespräche im Beisein des Menschen mit Unterstützungsbedarf durch, auch wenn er sich verbal nicht äußern möchte oder kann. Machen Sie deutlich, wie Sie zu den Wünschen und Zielen des Menschen mit Unterstützungsbedarf gekommen sind.

→ Beispiel Herr Hansen wird mithilfe von Leichter Sprache zum Hilfeplangespräch eingeladen. Dazu wurde das Arbeitsmaterial 1 genutzt. Er entscheidet, dass sein gesetzlicher Betreuer und eine ihm seit Jahren vertraute Mitarbeiterin der Tagesstätte am Gespräch teilnehmen sollen. Beim Hilfeplangespräch wird der Leitfaden in Leichter Sprache (Arbeitsmaterial 3) verwendet. Dies wird im Hilfeplan auch angegeben. ×

→ Beispiel Der Wohnbereichsleiter des gemeindepsychiatrischen Zentrums, Herr Schneider, nimmt Kontakt zu Herrn Minh auf, der sich seit vielen Monaten in stationärer Behandlung befindet. Herr Minh kommt aus Vietnam und war einer der Boatpeople. Integrationsversuche in die Gemeinde scheiterten. Er veränderte sich zunehmend und es wurde eine dauerhaft verlaufende Psychose diagnostiziert. Während seiner Klinikaufenthalte entscheidet er sich, nicht mehr zu sprechen. Die Aufnahme in ein Wohnheim wird empfohlen, weil er sich unter Vernachlässigung seiner alltäglichen Fähigkeiten isoliert.

Gemeinsam mit der Klinik organisiert Herr Schneider ein Hilfeplangespräch, an dem auch die Pflegekräfte beteiligt sind, die Herrn Minh während seines Klinikaufenthalts kennengelernt haben. Er hat bereits eine gesetzliche Betreuerin, die ihn noch aus der Zeit kennt, in der er gesprochen hat und die ebenfalls an den Gesprächen teilnimmt. Herr Minh äußert sich in den Gesprächen lediglich durch Mimik und Gestik, an denen jedoch erkennbar ist, ob er einverstanden ist oder nicht. In der Folge bezieht er ein Zimmer des Wohnheims und wechselte später innerhalb des Wohnbereiches in eine eigene Wohnung. Nach zunehmender Stabilisierung wird ihm das Appartement vermietet. Er lebt seither im Wohnverbund und wird mit fünf Fachleistungsstunden pro Woche beim selbstständigen Wohnen unterstützt. Herr Schneider und das für Herrn Minh tätige Team führen regelmäßig mit ihm Hilfeplangespräche durch, die sich noch immer an dem ersten Hilfeplan orientieren. Herr Minh hat seither kein Wort mit den professionellen Mitarbeitern gesprochen, telefoniert jedoch regelmäßig mit einer Cousine in Vietnam. ×

Risiken und Nebenwirkungen

Es besteht immer die Gefahr eines Macht- und Autoritätsgefälles zwischen dem Menschen mit Unterstützungsbedarf und den helfenden Personen, ganz gleich, ob sie Angehörige sind oder professionelle Helfer. Wenn man Hilfe benötigt, fühlt man sich in der Regel in der schwächeren Position. Es kann einem daher sehr schwerfallen, sich »einzumischen«, den Helfern mit seinem »eigenen Kopf« zur Last zu fallen. Die Tendenz, sich seinem »Schicksal« zu ergeben, ist groß. Helfer denken, sprechen und handeln oft schneller und können die notwendige Zeit für die Artikulation der nur langsam formulierten Wünsche und Entscheidungen der Betroffenen leicht missachten.

Die aktive Beteiligung des Menschen, der Hilfe benötigt, ist elementar. Er kann der Hilfeplanung die Richtung geben, die in seinem Interesse liegt. Menschen mit Unterstützungsbedarf benötigen Informationen, wie sie zu mehr Selbstbestimmung gelangen können und verständliche Informationen zur Hilfeplanung. Sie sollten darüber selbst verfügen oder Zugang dazu bekommen und gefördert werden.

Wenn der Mensch mit Unterstützungsbedarf sich nicht äußern kann oder möchte, sollten die für ihn relevanten Personen beteiligt werden. Sie können in seiner Anwesenheit stellvertretend für ihn Auskunft geben. Trotzdem kann niemand ersatzweise für einen anderen Menschen etwas wollen oder wünschen. Helfende Personen müssen bei der stellvertretenden Auskunft zwischen ihrem eigenen Interesse und dem vermuteten Interesse des anderen unterscheiden.

Unterstützung annehmen und Selbstbestimmung erhalten

Wenn Unterstützungen geplant werden, kann es schwerfallen, sie anzunehmen. Denn dies setzt voraus, über eigene Unzulänglichkeiten zu reden, sie sich und anderen einzugestehen. Bekommt man Hilfe, wird auch die Selbstbestimmung und Autonomie infrage gestellt. Es kann sehr einfach sein, wenn man andere hat, auf die man sich verlassen kann und die Aufgaben des täglichen Lebens erledigen.

→ Beispiel In der Haltung von Frau Benn drückt sich trotz (oder auch wegen) extremer psychischer Störungen und Beeinträchtigungen ein starker Wunsch nach Selbstbestimmung aus. Sie beharrt darauf, nicht in ein Heim zu wollen. Die Verhandlung im Rahmen der Hilfeplanung über Vereinbarungen und Regeln werden häufig kontrovers und emotional geführt. Ihr Hilfebedarf ist offensichtlich sehr hoch und ihre Ressourcen sind sehr gering. Sie hat Mühe, das zu akzeptieren. Die Gespräche zum Hilfebedarf bedrohen oft ihren Stolz und ihren ausgeprägten Willen zur Selbstbestimmung. Sie kann sich mit ihrem wesentlichen Anliegen aber durchsetzen. Sie lebt heute mit ambulanter Unterstützung zufrieden in der eigenen Wohnung. ×

Risiken und Nebenwirkungen
Hilfen anzunehmen ist nicht immer leicht und kann zum Verlust der Motivation und Selbstbestimmung führen, man kann sich daran gewöhnen, bequem und abhängig werden. Über- oder Unterforderung in der gemeinsamen Bewältigung der alltäglichen Dinge des Lebens kann zu Frustration führen.

Falls Hilfe notwendig ist, besteht die Kunst darin, bereit und offen für Unterstützung zu sein und das, was man selbst kann, auch weiterhin selbst zu tun.

Ressourcen aktivieren

Jeder Mensch hat Stärken und Fähigkeiten. Die Hilfen und Unterstützungen sollten dazu dienen, sie zu erhalten und zu fördern. Wenn Unterstützung angenommen wird, können Fähigkeiten aktiviert werden, die möglicherweise zunächst nicht erwartet wurden. Die Aufgabe von Hilfeplanung ist es, die Ressourcen zu erfragen und zu erkennen, sie aktiv zu halten oder zu aktivieren. Die Aufgabe des Menschen, dem die Hilfen dienen, ist es, den eigenen Ressourcen Aufmerksamkeit zu schenken und ihnen zu vertrauen.

→ Beispiel   Thomas Richter fährt gerne mit dem Zug, und regelmäßig besucht er seinen Vater – der von seiner Mutter geschieden ist – in der nächsten Stadt. Solange er zu Hause gewohnt hat, wurde er von seiner Mutter zum Bahnhof gebracht und wieder abgeholt. Als Ziel wurde in seinem Hilfeplan formuliert, dass er lernen soll, Fahrpläne zu lesen und sich ohne Begleitung auf den Weg zu machen. Nach wenigen Wochen Begleitung durch seine Betreuerin zum Bahnhof hat er nicht nur seinen Vater alleine besucht, sondern auch ausgedehnte Zugfahrten in der Region unternommen. ×

 Risiken und Nebenwirkungen
Die eigenen Ressourcen nicht zu nutzen, kann Stillstand im Lebensfluss bedeuten und zu Abhängigkeiten führen.

Das Vertrauen in eigene Stärken und Fähigkeiten verhilft zu mehr Unabhängigkeit, Teilhabe und Lebensqualität.

Fähigkeiten zur Selbsthilfe und Hilfe aus dem sozialen Umfeld vorrangig beachten

Grundsätzlich gilt, dass das, was ein Mensch mit Unterstützungsbedarf in seinem Umfeld selbstständig tun kann, er auch weiterhin tun sollte. Wenn er trotzdem Unterstützung benötigt, kann es wesentlich hilfreicher sein, Hilfe in der Familie oder von Freunden und Nachbarn anzufragen. Sie sind in der Regel vertrauter. Die Schwelle, über die Dinge, die nicht gut laufen, zu sprechen, kann weniger hoch sein. Sie gehören zum eigenen »zu Hause sein«. Erst wenn Unterstützung von Angehörigen, Freunden oder Nachbarn nicht ausreicht, kann zusätzlich professionelle Hilfe sinnvoll sein. Die Hilfen aus dem sozialen Umfeld können in allen Lebensbereichen stattfinden. Es ist daher sinnvoll, möglichst früh die Personen aus dem sozialen Umfeld, die aktiv beteiligt sind und Aufgaben übernehmen können, in die Hilfeplanung einzubeziehen. Alles, was sie tun, sollte in den Hilfeplan mit aufgenommen werden.

→ **Beispiel** Seit einem Verkehrsunfall leidet Herr Köster unter einem hirnorganischen Psychosyndrom. Sein Kurzzeitgedächtnis ist ihm abhandengekommen. Wenn er spontan in Verzweiflungszustände kommt, wird er wütend und wirft mit Gegenständen. Seine Beeinträchtigungen sind umfangreich und die notwendigen Hilfen, um seinen Alltag zu regeln, auf lange Sicht umfassend. Es ist keine wesentliche Verbesserung zu erwarten. Aber er will auf keinen Fall in ein Heim. In die Hilfeplanung werden seine gesetzliche Betreuerin und seine Tante einbezogen. Nachdem sein Hilfebedarf ermittelt worden ist, erklärt seine Tante sich bereit, ihn an jedem Wochenenden zu sich zu nehmen und setzt das in der Folge auf eindrucksvolle Weise um. Sie kümmert sich um seine Körperpflege und seine Kleidung, besucht mit ihm zusammen Cafés, geht mit ihm ins Kino oder schaut fern. Herrn Kösters Tante wird dafür nicht bezahlt. Manchmal überlässt die gesetzliche Betreuerin ihr einen Teil seiner Rente zum Einkauf von Kleidung, meistens zahlt sie jedoch zu.
Seine Wohnung liegt in unmittelbarer Nähe einer Wohngruppe des Wohnverbundes. Wenn er in eine Verzweiflungssituation gerät, findet er dort Ansprechpartner im Krisenfall. Außerdem hat er die Möglichkeit, Kontakte zu anderen Menschen zu knüpfen und an Gruppenaktivitäten teilzunehmen. Für sieben Stunden die Woche findet Hilfe zum selbstständigen Wohnen in seiner Wohnung statt. Morgens und abends kommt ein Pflegedienst und bringt ihm die Medikamente. Nachdem seine Tante verstarb, und sein Hilfebedarf dauerhaft hoch war, musste er gegen seinen Willen doch in ein Wohnheim umziehen. ×

Risiken und Nebenwirkungen

Hilfen aus dem sozialen Umfeld zu bekommen, kann kontraproduktiv sein, z. B. in Fällen, in denen das heimatliche Milieu problematisch bzw. Ursache von Problemen ist. Für Menschen mit einer Suchterkrankung oder mit Traumaerfahrung kann es beispielsweise sinnvoll sein, ihr soziales Umfeld (vorübergehend) zu verlassen. Es sind auch nicht immer alle Angehörigen oder Freunde für die Entwicklung des Menschen mit Unterstützungsbedarf hilfreich.

Überbehütung oder Nicht-loslassen-Können, können persönliche Entwicklungen einschränken. Positive Veränderung ist häufig erst mit Abstand möglich oder wenn auch die anderen bereit sind, sich über Probleme auszutauschen.

Bekommt man Hilfe von Einrichtungen und Diensten, sollte man sich bewusst sein, dass ihre Inanspruchnahme nach wie vor stigmatisierend wirken kann. Man wird zu einem »Hilfeempfänger«, und erlebt die Teilhabe am gesellschaftlichen Leben aus einer Sonderrolle. Das gewohnte soziale Umfeld kann verloren gehen.

Hilfen können zu Unselbstständigkeit führen, wenn die professionellen Helfer zu schnell bereit sind, alle Hilfen anzubieten, ob sie notwendig sind oder nicht.

> Angehörige, Freunde und Nachbarn sind i.d.R. vertrauter. Es kann einfacher sein, Unterstützung von ihnen anzunehmen. Reicht das nicht, kann zusätzlich professionelle Hilfe sinnvoll sein.

Hilfen wieder loslassen können

Im Hilfeplan werden gemeinsam Ziele erarbeitet, die mit den vereinbarten Maßnahmen erreicht werden sollen. Sie gelten also nicht unbegrenzt. Wenn ein Ziel erreicht wurde oder nicht mehr aktuell ist, kann die Hilfe beendet werden. Zur Hilfeplanung gehört daher die regelmäßige Überprüfung, ob die Hilfen noch notwendig sind. Das kann zur Konsequenz haben, dass bestimmte Maßnahmen entfallen und der Umfang der Hilfen reduziert wird. Im Idealfall hat der Mensch mit Unterstützungsbedarf die Hilfe dazu genutzt, bestimmte Aufgaben seines Lebens eigenständig zu regeln – bis zu dem Zeitpunkt, zu dem er ganz ohne Unterstützung sein Leben (wieder) selbst in die Hand nehmen kann.

→ Beispiel Thomas Richter kommt entgegen der Befürchtung seiner Mutter mit der Haushaltsführung in der eigenen Wohnung inzwischen ganz gut alleine zurecht. Seine Betreuerin hat über einige Monate mit ihm gemeinsam einen Essensplan gemacht, mit ihm dafür eingekauft und sie haben gemeinsam festgelegt, dass das Bad jede Woche geputzt werden soll. Für die Betreuung in der Haushaltsführung wurden im Hilfeplan zwei Stunden pro Woche festgelegt. Nachdem Thomas Richter sich inzwischen mit großem Spaß Rezepte selbst sucht, dafür alleine einkauft und seine Betreuerin ihn nur noch selten daran erinnern muss, das Bad zu putzen, braucht er in diesen Bereichen kaum noch Unterstützung. Die Fachleistungsstunden für die Haushaltsführung konnten bei der Überprüfung des Hilfeplans nach einem Jahr auf eine halbe Stunde reduziert werden.

Risiken und Nebenwirkungen

Zwischen Klient und Helfer entsteht immer eine Beziehung. Erlangt der Mensch mit Unterstützungsbedarf mehr Selbstständigkeit und werden weniger Hilfen notwendig, kann er auch gemeinsame Zeit mit seinem vertrauten Helfer verlieren. Das kann sich negativ auf die Motivation auswirken, Hilfen loszulassen und mehr Selbstständigkeit erlangen zu können.

Selbstständigkeit und Selbstbestimmung sorgen für mehr Selbstwertgefühl, verändern die eigene Rolle und führen zu mehr Teilhabe am gesellschaftlichen Leben. Bezahlte Hilfe und langfristige Beziehungskontinuität muss daher solange gewährt werden, wie sie notwendig ist. Unterstützung kann schrittweise reduziert und an veränderte Situationen angepasst werden.

Angehörige und Freunde: Wie können sie dazu beitragen, dass individuelle Hilfeplanung gelingt?

Schon Abbildung 1 (S. 21) machte deutlich, wie nahe Angehörige und Freunde den Menschen mit Unterstützungsbedarf stehen. Ihr Einfluss auf ihr Leben ist sehr groß und wird häufig unterschätzt. Für die Hilfeplanung sollte es selbstverständlich sein, sie einzubeziehen. Ihre persönliche Erfahrung ist »Expertenwissen« und bereichert die Zusammenarbeit.

Angehörige und Freunde in den Hilfeplanprozess einzubeziehen, ist somit fachlich notwendig. Ihre Erfahrungen, Ideen, Wahrnehmungen, Perspektiven und ihre fortgesetzte Beteiligung am Leben des Menschen mit Unterstützungsbedarf sind von großer Bedeutung. Der Hilfeplanprozess kann dazu beitragen, dass auch die Beziehungen der Menschen des sozialen Netzes Hilfe und Veränderungen erfahren können.

Ansprechbar sein und in Kontakt bleiben

Die Aufgabe von Angehörigen und Freunden besteht darin, offen und offensiv auf die Einrichtungen und Dienste zuzugehen, (auch bei Problemen) ansprechbar zu sein und im Kontakt zu bleiben. Wenn der Mensch mit Unterstützungsbedarf nicht an das professionelle Hilfesystem »abgegeben« werden soll, sondern Angehörige und Freunde an der Entwicklung seiner Persönlichkeit teilhaben möchten, sollten sie sich an der Hilfeplanung beteiligen und sich in den Einrichtungen engagieren.

→ Beispiel Frau Adam leidet unter einer schweren Depression. Ihre Erkrankung ist derart ausgeprägt, dass sie sich nur sehr einsilbig über sich selbst äußert, und stets in der Gefahr lebt, die Sorge für sich selbst aufzugeben. Ein selbstständiges Wohnen in der eigenen Wohnung ist nicht mehr möglich. Ihre zwei erwachsenen Kinder sind an der Hilfeplanung beteiligt und geben im Beisein ihrer Mutter Auskunft über die wesentlichen Aspekte ihres Lebens. Sie sind bereit, auch weiterhin den Kontakt so zu gestalten, wie es vor der Aufnahme in das Wohnheim der Fall war. Sie besuchen ihre Mutter regelmäßig, rufen sie einmal in der Woche an, sind erreichbar, wenn es ihr schlecht geht. Es wurde vereinbart, dass sie und ihre Mutter an den regelmäßigen Hilfeplangesprächen teilnehmen.

 Risiken und Nebenwirkungen

Zu viel Zuwendung, Engagement und Beteiligung seitens der Angehörigen und Freunde kann auch Ausdruck von »Nicht-loslassen-Können« sein. Die Beteiligung von Angehörigen und Freunden kann auch zu Rivalität und Konkurrenz mit professionellen Helfern führen.

Ohne die Beteiligung von Angehörigen ist eine erfolgreiche Hilfeplanung schwieriger. Zwischen zu viel und zu wenig Beteiligung muss die richtige Balance gefunden werden. Ist sie gefunden, kann ihr aktiver Beitrag die Hilfeplanung bereichern. Manchmal kann Abstand sinnvoll und eine vorübergehende klare Trennung hilfreich sein.

Für sich selbst sorgen

Das Familienleben kann unter den Auswirkungen von Erkrankung, Behinderung oder Besonderheiten eines Familienmitglieds leiden, und als Angehöriger lebt man nicht selten an den Grenzen seiner Belastbarkeit. Man kann sich vom gesellschaftlichen Leben ausgegrenzt und benachteiligt fühlen. Angehörige kann die Situation emotional belasten, das Abgrenzen schwerfallen, manchmal fühlen sie sich schuldig und die Inanspruchnahme von Hilfe kann ihnen unangenehm sein. Sie können dies als persönliches Scheitern erleben, das eigene Selbstwertgefühl wird hinterfragt und bedroht.

→ *Beispiel* In der Broschüre des Landschaftsverbandes Rheinland »Leben wie es uns gefällt« (2007) beschreiben die Eltern von vier schwer geistig und körperlich behinderten Jugendlichen, wie sie ihre Kinder 20 Jahre rund um die Uhr betreut haben und welche Belastung es für sie war: »Das haben wir gerne gemacht, das war aber auch enorm anstrengend und einschränkend. Es ist jetzt aber an der Zeit, dass wir uns auch wieder um ums selbst kümmern.« Ihre Kinder leben jetzt in einer Wohngemeinschaft in einem Haus der Lebenshilfe und erleben ein Stück Normalität. Die Eltern haben erst mit dem Loslassen die Erfahrung gemacht, dass sie in den letzten 20 Jahren das Leben ihrer Kinder »weitgehend bestimmt« und ihr eigenes eingeschränkt haben. ×

Eine aktive und offene Beteiligung von Angehörigen an der Hilfeplanung kann sich positiv auf ihre Haltung und Lebenssituation auswirken. Über die Hilfeplangespräche können Probleme bewusst werden, die man vorher so nicht gesehen hat.

Es gibt Angehörigengruppen, in denen sich Angehörige über ihre Sorgen und Nöte austauschen können. In den Gesprächen werden Ideen und Lösungen entwickelt, die eigene Lebenssituation und die der Menschen mit Unterstützungsbedarf zu verbessern. Manchmal wird man auch auf eigene Probleme aufmerksam und es kann der Wunsch nach Lösungen entstehen, um sich vor Überbehütung, Aufopferung, Verzweiflung und zu großer Belastung zu bewahren. Auch wenn es gesellschaftlich noch nicht allgemein akzeptiert ist und man möglicherweise Stolz überwinden muss: Gesundheitsvorsorge bedeutet auch, für seine Zufriedenheit als Angehöriger zu sorgen. Oft können Gespräche mit einem Psychotherapeuten oder in einer Beratungsstelle zu mehr Bewusstsein über die eigene Situation und die eigenen Wünsche und Ziele führen.

TIPP
Informieren Sie sich (z. B. beim Gesundheitsamt, bei Beratungsstellen, beim Sozialpsychiatrischen Dienst oder bei den Einrichtungen und Diensten), ob es Angehörigengruppen gibt, und geben Sie die Informationen weiter.

→ Beispiel   In den Hilfeplangesprächen erleben die erwachsenen Kinder von Frau Adam Wechselbäder ihrer Gefühle. Sie stellen fest, dass sie sich oft schuldig an der psychischen Erkrankung ihrer Mutter fühlen und ihre Tochter übernimmt mehr Verantwortung als notwendig. In der Angehörigengruppe wird ihr nach und nach deutlich, in welchem Dilemma sie sich viele Jahre befand und ihr wird bewusst, wie die Krankheit der Mutter ihre eigene Entwicklung beeinträchtigt hat. Nachdem sie geheiratet hatte und ihr erstes Kind zur Welt kam, leidet auch sie zeitweise an Depressionen. Unterstützung findet sie zunächst in einer Selbsthilfegruppe, später bei einem Psychotherapeuten. Sie besucht ihre Mutter weiterhin regelmäßig, lädt sie nach Hause ein und lässt den Kontakt zu ihrem Enkelkind zu. Nach und nach werden allen Beteiligten die Probleme und die Möglichkeiten der Beziehungsgestaltung deutlicher. ×

Risiken und Nebenwirkungen

Das Familienleben, das möglicherweise schon länger durch den Umgang mit Störungen und Beeinträchtigungen geprägt ist, kann von den Einrichtungen, Diensten und Selbsthilfeorganisationen profitieren. Eine positive Nebenwirkung des Hilfeplanprozesses ist es, wenn Angehörige lernen, einen entspannten, offenen, fairen und eindeutigen Umgang miteinander zu pflegen. Ein Risiko besteht darin, dass das familiäre Umfeld sich ausschließlich über die Auseinandersetzung mit den Besonderheiten ihres Angehörigen und die Einrichtungen und Dienste definiert. Die Familie kann sich damit aus dem »normalen« gesellschaftlichen Leben ausschließen.

Nur der Austausch mit anderen (von der Selbsthilfegruppe bis zum Therapeuten) kann zu neuen Erkenntnissen und Veränderungen führen. Über eigene Kontakt- und Beziehungsprobleme Klarheit zu gewinnen, wirkt sich in der Regel positiv auf das soziale Umfeld aus. Sorge um die seelische Gesundheit ist gleichbedeutend mit der Sorge um das körperliche Wohlergehen.

Nachbarn und Mitbürger: Wie können sie dazu beitragen, dass individuelle Hilfeplanung gelingt?

Unsere Zeit ist unter anderem durch das Bestreben von Selbstverwirklichung und Individualität geprägt, was nicht selten Vorrang vor dem Gemeinwohl hat. Das kann zu Entsolidarisierung und Ausgrenzung führen. Dabei belegen psychologische und wissenschaftliche Erkenntnisse, dass soziales Miteinander, Kommunikation und Gemeinschaft zur Gesunderhaltung und zu mehr Zufriedenheit führen.

Kurz gesagt: Für andere da sein, hilft nicht nur anderen, sondern auch einem selbst. Das gilt für alle, die auf Hilfe angewiesen sind, nicht nur für Bedürftige, sondern auch für Nachbarn, die für andere tätig werden können. »Nur Bürger integrieren Bürger«, sagt Klaus DÖRNER (2010) und weist damit auf das Wesentliche hin.

Nachbarschaftshilfen anbieten und initiieren

TIPP
Häufig genügt ein Gespräch, eine Bitte oder eine Frage, um Nachbarn für soziales Engagement zu gewinnen.

Angehörige, Freunde und Nachbarn eignen sich in besonderer Weise für wechselseitige Hilfe. Besonders hilfreich ist es, wenn der Mensch, der Unterstützung benötigt, in seiner Nachbarschaft, seinem unmittelbaren Lebensumfeld Verständnis und Unterstützung erfährt, die es ihm ermöglichen, dort zufrieden leben zu können.

Häufig bleibt es jedoch dem Zufall überlassen, ob Nachbarn Verantwortung füreinander übernehmen. Dabei könnten aktive Bürger in jedem Stadtteil Hilfen anbieten oder Nachbarschaftstreffen mit dem Ziel der gegenseitigen Unterstützung gründen bzw. dort mitarbeiten. Davon können nicht nur die Menschen mit Unterstützungsbedarf profitieren, sondern alle, die aus unterschiedlichen Gründen gesellschaftlich isoliert leben.

Klaus Dörner spricht im Zusammenhang von Nachbarschaftshilfe von der Notwendigkeit, den »Raum für das Helfen« wiederzugewinnen. Er ist der Überzeugung, dass die Menschen sich zukünftig nicht nur in der eigenen Familie stärker engagieren, sondern auch darüber hinaus. Als Wirkungsprinzip des »dritten Sozialraumes« beschreibt er: »Wenn ich einen Bürger auffordere, sich zum Beispiel mehr für Demente zu engagieren, wird er mir einen Vogel zeigen, da dies ein Fass ohne Boden sei. Wenn ich ihm aber sage, es handele sich nur um die Dementen seines Stadtviertels, werde ich häufig genug die Antwort erhalten: Das ist was ganz anderes, das sind doch unsere Dementen, die gehören doch zu uns.« (DÖRNER 2008)

→ Beispiel   Frau Benn darf ihren Hund und eine Katze mit in die eigene Wohnung nehmen. Wegen ihrer körperlichen Behinderung, manchmal fehlender Motivation und Disziplin, ist sie nicht immer in der Lage, mit dem Hund spazieren zu gehen. Mit Unterstützung von Frau Galbo bekommt sie Kontakt mit ihren Nachbarn, die ebenfalls einen Hund haben. Sie verabreden, dass sie die Hunde der anderen ausführen, wenn sie selbst nicht dazu kommen. Daraus entsteht auch ein engerer Kontakt zu einer älteren Dame, die Frau Benn schon bald zum Tee einlädt. Trotz ihrer starken Persönlichkeitsstörung mit häufig herausforderndem Verhalten geht Frau Benn mit diesen Kontakten sehr behutsam um. Die ältere Dame hört ihr gerne zu, und tut damit auch etwas gegen ihre Einsamkeit. Die Umgangsformen von Frau Benn werden freundlicher und vertrauensvoller, ihr soziales Verhalten stabiler. ×

Risiken und Nebenwirkungen

Nimmt man die Hilfen aus dem unmittelbaren Lebensumfeld an, macht man auch seine Probleme und sein Privatleben öffentlich. Ehrenamtliches Engagement kann das fachliche Know-how und Wissen professioneller Helfer nicht immer ersetzen. Es sorgt aber für eine mitmenschliche Qualität, die zu mehr Normalität der Teilhabe führt.

Werden Menschen mit Unterstützungsbedarf in die Gemeinschaft einbezogen, gehören sie dazu und Sondereinrichtungen werden anachronistisch. Die Akteure im Feld der sozialen Hilfen sind herausgefordert, die Tragfähigkeit der sozialen Netzwerke zu stärken oder wiederherzustellen. Das Betreute Wohnen ist prädestiniert dafür, koordinierende Prozessbegleitung im Lebensfeld der Betroffenen zu sein. Dazu gehört der Dialog vorrangig mit den Menschen im sozialen Umfeld. Mithilfe von Nachbarn erlebt sich der Mensch mit Unterstützungsbedarf in seinem unmittelbaren Umfeld aufgehoben. Er ist Teil eines Gemeinwesens von Angehörigen, Freunden und Nachbarn sowie professionellen Helfern.

In Bürgerhilfen mitarbeiten

Bürgerhilfe geschieht in der Regel als ehrenamtliche Tätigkeit. Die Motivation der Ehrenamtlichen kann sich bereichernd auf die individuelle Hilfeplanung auswirken. Sie bringen Normalität und gesellschaftliche Einbindung in die Lebenswelt. Darüber hinaus sind die freiwilligen Helfer wichtige Botschafter in der Öffentlichkeit. Sie unterstützen das Ziel der gesellschaftlichen Anerkennung von Menschen, die auf die Hilfe angewiesen sind.

→ Beispiel Frau Adam und ihre Mitbewohner erhalten regelmäßig Besuch von Frau Frei. Sie hat sich nach dem Ausscheiden aus dem Berufsleben und dem Auszug ihrer erwachsenen Kinder einer Gruppe ehrenamtlicher Helfer angeschlossen, die Menschen mit Psychiatrie-Erfahrung im Alltag Unterstützung anbieten. Frau Adam schätzt an Frau Frei, dass sie sehr viel Zeit mitbringt, für Gemütlichkeit sorgt und wenig über Probleme spricht. Manchmal gelingt es Frau Frei sogar, Frau Adam zu einem Kaffeehausbesuch zu motivieren. In einem Hilfeplangespräch hat Frau Adam spontan davon berichtet, dass es ihr leichter fällt, mit Frau Frei in einem Café zu sitzen, da man ihr ansieht, dass sie keine Betreuerin ist. ×

TIPP
Auch Bürgerhelfer können Supervision (fachkompetente Beratung) in Anspruch nehmen.

 Risiken und Nebenwirkungen
Gute und engagierte Bürgerhelfer werden häufig zu leicht und zu schnell als Ersatz für professionelle Helfer eingesetzt.

Bürgerhilfe fördert Normalität und erleichtert den Zugang zum gesellschaftlichen Alltag und Teilhabe. Wo professionelle Hilfe notwendig ist, sollte sie nicht durch ehrenamtliche Helfer ersetzt werden.

Einrichtungen und Dienste: Welche Voraussetzungen müssen sie erfüllen und welche Aufgaben haben sie?

Wenn umfangreichere Hilfemaßnahmen notwendig sind, liegt die Hilfeplanung vorrangig im Aufgabenbereich der Einrichtungen und Dienste. Erinnern wir uns noch einmal an Abbildung 1 (S. 21). Hier wird nachvollziehbar, dass die Rahmenbedingungen, in denen die handelnden Personen eingebunden sind, von großer Bedeutung sind. Wie wird bei den Einrichtungen und Diensten mit den Zielen und Wünschen der Betroffenen umgegangen? Wie müssen sie beschaffen sein, um die Hilfemaßnahmen qualitativ gut umzusetzen? In diesem Kapitel soll aufgezeigt werden, welche einrichtungsbezogenen Rahmenbedingungen und Angebote eine gute Hilfeplanung begünstigen.

Die Einrichtungen und Dienste müssen für die Versorgung, Betreuung und Begleitung der Menschen mit Unterstützungsbedarf fachlich ausgebildetes und qualifiziertes Personal bereitstellen. Ihre Leitbilder, Konzepte, Arbeits- und Organisationsstruktur sollten sich an den Bedürfnissen und dem Hilfebedarf ihrer »Kunden« orientieren. Menschen mit Störungen und Beeinträchtigungen benötigen Wahlmöglichkeit. Um wählen zu können, müssen sie Folgendes wissen:

- Welche Hilfen werden in meiner Stadt für mich angeboten?
- Wo finde ich Beratung?
- Welcher Dienst oder welche Einrichtung ist der/die beste für mich?
- Wer hat passende Hilfen für mich?

Es ist daher notwendig, dass die Einrichtungen und Dienste ihre Angebote in ihrer Region nachvollziehbar und transparent machen und abstimmen. Informationen müssen leicht zugänglich und über öffentliche, beispielsweise städtische Einrichtungen, verbreitet werden. Für Menschen mit Unterstützungsbedarf ist es wichtig, auch Details zu erfahren, beispielsweise welche Angebote es für Hilfen im Arbeitsleben gibt.

TIPP

Informieren Sie sich über die Qualität der Angebote. Fragen Sie nach dem Konzept und dem Leitbild der Einrichtung oder des Dienstes. Bei der Beurteilung der Qualität ihrer Arbeit helfen die Arbeitsmaterial 20 und 21.

TIPP

In fast jede Stadt gibt es Wegweiser zu sozialen Diensten und Hilfeanbietern in der Region. Nutzen Sie diese zur Orientierung.

Die Einrichtungen und Dienste sollten auch ihren Nutzern mit Transparenz begegnen, zum Beispiel mit klaren und nachvollziehbaren Aussagen zum Menschenbild und über die Angebote sowie über die Art und Weise des Umgangs miteinander. Zum Beispiel: Wann werden die Angehörigen wie beteiligt? Wie und wann werden sie über die Arbeit mit ihren Angehörigen informiert?

→ Beispiel Vor dem Einzug in die Wohngruppe werden der Familie Adam das Konzept der Wohneinrichtung, das Leitbild und eine Informationsbroschüre über Formen der Nutzerbeteiligung des Trägervereins ausgehändigt. Die Bezugsbetreuerin der Wohngruppe berichtet in der Folge der Tochter und dem Sohn regelmäßig über den Zustand ihrer Mutter, auch wenn es gesundheitliche Veränderungen gibt oder wenn wichtige Gespräche über den Zustand ihrer Mutter in der Einrichtung geführt wurden. Einmal im Quartal wird ihre Tochter mit Einverständnis von Frau Adam zu den Fallbesprechungen in das betreuende Team eingeladen. ×

Der personenzentrierte Ansatz ist die methodische Grundlage

Personenzentrierung heißt: Der Mensch mit Unterstützungsbedarf steht im Mittelpunkt. Die Leitfrage lautet: Was muss getan werden, damit ihm Teilhabe am gesellschaftlichen Leben möglich ist? Dazu müssen die Einrichtungen und Dienste ihre Angebote seinem Unterstützungsbedarf anpassen und nicht umgekehrt.

→ Beispiel Frau Benn steht vor dem Verlust ihrer Wohnung. Ihr Erscheinungsbild ist sehr auffällig, ihre Kleidung in der Regel verschmutzt, ihre Haare sind fettig und ungepflegt. In der Wohnung verhält sie sich rücksichtslos. Gegenüber Nachbarn, Vermieter und anderen Menschen ist sie streitbar bis unverschämt. Es ist nicht zu erwarten, dass sie sich ihrer Umgebung anpassen wird. Es gibt nur zwei Möglichkeiten: Entweder sie per betreuungsrechtlicher Entscheidung zu zwingen, in ein Heim zu ziehen oder die Rahmenbedingungen ihrem Lebensstil anzupassen und ihr eine neue Wohnung anzubieten. Dort leben bereits Menschen aus »Randgruppen« und ihr Verhalten führt zu weniger Problemen. Ihren Hund und eine Katze kann sie mitnehmen. Das ist nur in Ausnahmefällen in einem Wohnheim möglich. ×

Eindeutige Beziehungsgestaltung

Die grundlegende Aufgabe der Mitarbeiter der Einrichtungen und Dienste ist das Anbieten einer Beziehung, in der der Mensch mit Unterstützungsbedarf sich entwickeln kann. Beziehungen können wesentlich dazu beitragen, dass er in seiner Entwicklung gestört oder krank wurde, neue und andere Beziehungen können ebenso zur Gesundung beitragen. Das erlebt er über in sich stimmige, authentische und eindeutige Beziehungsangebote, in denen er offene und ehrliche Rückmeldungen über sein Verhalten und seine Entwicklung erhält. Dabei geht es um Spiegelung, Strukturierung und um die Möglichkeit, zu lernen und neue Erfahrungen zu machen. In einem offenen und verständnisvollen Klima kann er sich besser entwickeln.

Beziehungsgestaltung ist der wesentliche Faktor, der über Erfolg und Qualität der Hilfeplanung entscheidet. Die Mitarbeiter der Einrichtungen und Dienste sind Verhaltensmodell. Sie werden nicht nur in ihrer Fachlichkeit gefordert, sondern als »ganze Menschen«. Ihre Wertvorstellungen, ihr Charakter, ihr Herangehen, ihre Sympathie und Antipathie gestalten die Beziehung. Denn sobald Menschen in Kontakt treten, gehen sie Beziehungen ein, wie Paul WATZLAWICK (2011) schreibt. »Man kann nicht nicht kommunizieren.«

Die Haltung von Professionellen gegenüber den Menschen mit Unterstützungsbedarf kann etwas Heilendes haben. Das wird häufig unterschätzt. Sind sie beispielsweise eindeutig im Umgang mit Nähe und Distanz? Haben sie ein Gespür für die persönlichen Grenzen des Betroffenen? Können sie einschätzen, wie nah Sie auf ihn zugehen können? Sind ihnen die eigenen persönlichen Grenzen bewusst? Können sie selbst dafür Sorge tragen, von der Beschäftigung mit den Problemen der Betroffenen abschalten zu können?

Es ist daher notwendig, dass die Mitarbeiter in ihren Einrichtungen und Diensten Möglichkeiten haben, die Beziehungsarbeit zu reflektieren. Das geschieht in gemeinsamen Fall- und Teambesprechungen, über regelmäßige Fortbildungen und Supervision. Findet in einem Team partnerschaftliche Kommunikation statt und haben die Mitarbeitenden die Möglichkeit, sich offen und angstfrei einzubringen, fördert das ihre Qualifizierung und damit auch die Fähigkeit, für den Menschen mit Unterstützungsbedarf eindeutige Beziehungen zu gestalten.

Die Mitarbeitenden sollten über gute Kommunikationstechniken verfügen. Zu einer guten Kommunikation gehört es, den Dialog zu fördern, zu erklären und auf Konflikte eingehen zu können. Dabei müssen sie eindeutig bleiben und dafür sorgen, dass sie verstanden werden.

Ist die Beziehungsarbeit erfolgreich, kann bei den Menschen mit Unterstützungsbedarf ein (neues) Grundvertrauen entstehen und das alltägliche Miteinander kann eine Art »Nachsozialisation« bewirken. Beziehungsarbeit mit Verlässlichkeit, Vertrauen und der Verstärkung positiver Gefühle kann zu neuen Erfahrungen beitragen. Wie wichtig dies ist, wird auch dadurch deutlich, dass beispielsweise eine psychische Erkrankung als Kontakt- und Kommunikationsstörung verstanden werden kann. Erlebt der Mensch keine eindeutigen Beziehungen, kommt er zu anderen Schlussfolgerungen. Er entwickelt Misstrauen, das zu seiner Lebensgrundlage und Philosophie werden kann: »Wenn ich überleben will, ist es besser, niemandem zu vertrauen.« Das Ziel besteht darin, das eigene »System« zu schützen, Misstrauen kann als »Platzhalter« für wirkliches Vertrauen verstanden werden. Es ist eine Ersatzlösung.

→ **Beispiel** Die Grundhaltung von Frau Benn ist Misstrauen. In Gesprächen pflegt sie einen rauen Umgangston, und meistens ist sie unfreundlich. In Gruppen nutzt sie ihre körperliche Einschränkung als Vorwand, um sich bedienen zu lassen. Trotzdem ist sie zunehmend gerne mit anderen in Kontakt. Während des Beisammenseins und der Unterhaltung beobachtet sie meistens Frau Galbo. Schenkt diese einem anderen mehr Aufmerksamkeit, unterbricht Frau Benn sie mit immer neuen Wünschen, Bemerkungen oder Kommentaren. Frau Galbo ist bewusst, dass das Frau Benns Versuch ist, die Beziehung zu ihr zu testen. Sie setzt ihr immer wieder freundlich Grenzen, verteidigt und rechtfertigt sich nicht und reagiert nicht auf Aggressionen. Im Team finden regelmäßige Fallbesprechungen zum Umgang mit Frau Benn statt. Es werden Regeln vereinbart, die für alle transparent und verbindlich sind. ×

Risiken und Nebenwirkungen

Nicht eindeutige Beziehungsangebote hindern den Menschen in seiner Entwicklung, unterstützen Abhängigkeit und können zu Konflikten führen. Konfliktreiche Verstrickungen führen zu hohen Kosten im doppelten Sinne (Energie und Geld). Mitarbeiter mit einem sozialen Beruf sind nicht per se die besseren Menschen, und Eindeutigkeit lernt man in der Regel nicht aus dem Lehrbuch.

Beziehungen können krank gemacht haben, sie können auch zur Gesundung beitragen. Eindeutigkeit entsteht durch die Fähigkeit, Wissen, Erfahrung, Selbstreflexion und Bewusstsein zu verknüpfen. Dazu ist Ehrgeiz zur Selbsterkenntnis und Wille zur persönlichen Weiterentwicklung bei den Mitarbeitern notwendig und ein Arbeitsklima, das sie in ihrer Entwicklung unterstützt. Hilfreich sind regelmäßige Teamsitzungen, Fallbesprechungen, Supervisionen, Fortbildungen und eine innerbetriebliche Gesundheitsförderung.

Betreutes Wohnen als koordinierende Prozessbegleitung

Das Betreute Wohnen hat eine zentrale Bedeutung gewonnen und in der Praxis geschieht häufig weit mehr, als der Begriff vermuten lässt. Im Grunde ist Betreutes Wohnen zum Oberbegriff für alle Arten der ambulanten Unterstützung geworden und damit geschieht Hilfe zur Teilhabe. Betreutes Wohnen ist Alltagsbegleitung, die bei den primären Grundbedürfnissen beginnt, Hilfe im sozialen Umfeld bedeutet und praktische Umsetzung der personenbezogenen Hilfe sein kann. Die Qualität des Betreuten Wohnens liegt bei der persönlichen Unterstützung und nicht bei den Merkmalen des Wohnens.

Mitarbeiter im Betreuten Wohnen haben am ehesten die Chance zu einer »koordinierenden Prozessbegleitung« (GROMANN 2013) im Lebensfeld des Menschen mit Unterstützungsbedarf. Denn Betreutes Wohnen im Sinne koordinierender Prozessbegleitung bedeutet, Verantwortung und Zuständigkeit für die Durchführung einer Gesamtplanung zu übernehmen, die Koordination verschiedener Hilfen und die Sicherung der Beziehungskontinuität so lange wie sie nötig ist. Kennzeichen eines guten Betreuten Wohnens sind breit gefächerte Unterstützungsangebote mit hoher Flexibilität und Kreativität.

Beim Betreuten Wohnen werden unterschiedliche Leistungen integriert und überschreiten damit in der Regel rechtlich die Grenzen des Sozialrechts. Im Sozialrecht kommen Mischleistungen (noch) nicht vor, sind nur eingeschränkt zulässig, aber nicht verfassungswidrig, wie das Bundesverfassungsgericht geurteilt hat (BVerfG 63, S. 63 und BVerfG 108, S. 169). Besteht Unklarheit über die vorrangige Zuständigkeit, hat der Sozialhilfeträger die Pflicht (Abs. 1 SGB XII), bis zur weiteren Klärung zunächst die notwendigen Hilfeleistungen zu finanzieren.

 **Risiken und Nebenwirkungen**

Betreutes Wohnen kann sich zur »beziehungsintensiven Sorgetätigkeit und als Ersatz für fehlende Netzwerke« (GROMANN 2013, S. 79) entwickeln. Klaus DÖRNER (1999) bezeichnet diese Situation als »fürsorgliche Belagerung«. Die Deutungsmacht, was ein Mensch braucht und was nicht, liegt bei den Fachkräften.

Betreutes Wohnen kann koordinierende Prozessbegleitung und Lebensabschnittsbegleitung für Menschen mit Unterstützungsbedarf sein, geschieht in diesem Sinne jedoch ohne eindeutige gesetzliche Grundlage. Ziel wird es sein, dass alle erforderlichen Leistungen integriert werden, aus einer Hand erfolgen (Komplexleistung) und die Finanzierung durch die zuständigen Leistungsträger anteilig erfolgt.

Tagesstruktur und Gemeinschaftsleben anbieten

Menschen können in den unterschiedlichsten Kompetenzen daran gehindert sein, ihr Leben selbstständig und zufrieden zu gestalten. Alleine zu leben kann Ausdruck von Selbstständigkeit sein, aber auch Einsamkeit und Isolation bedeuten. Manchen Menschen ist es nicht möglich, in einer Gemeinschaft zu leben, sich in ihr zurechtzufinden oder viele Kontakte auszuhalten.

Im Hilfeplan wird nicht selten die Einzelbegleitung zur Bewältigung der alltäglichen Dinge des Lebens hervorgehoben. Die dafür notwendigen Zeitwerte laden dazu ein, zu beschreiben, was man gemeinsam oder für den Betreffenden tun muss. Aber nicht für alle sinnstiftenden Dinge des Lebens, die zum selbstständigen Wohnen befähigen, ist Einzelbegleitung notwendig. Häufig hilft allein die Gewissheit, am Tag oder in der Woche etwas vorzuhaben. »Wie gestalten Sie Ihren Tag oder Ihre Woche?«, ist eine der wichtigsten Fragen im Hilfeplangespräch. Die Frage zielt darauf ab, etwas darüber zu erfahren, auf welche Tagesstruktur der Betreffende zurückgreifen kann.

Angebote zur Tagesstruktur und zum Gemeinschaftsleben sollen dem Tag einen Rhythmus und einen Sinn geben. Das wirkt sich positiv und stabilisierend auf die Gesundheit aus und entspricht einem Grundbedürfnis (nicht nur) des Menschen mit Unterstützungsbedarf. Tagesstruktur entsteht aus dem richtigen Verhältnis von Beschäftigung und Ausruhen. Welche Angebote dazu beitragen, ist sehr unterschiedlich und muss individuell herausgefunden und beschrieben werden. Sie sollten den individuellen, biografischen und lebenspraktischen Erfahrungen entsprechen.

Für diejenigen, die alleine leben und keiner geregelten Beschäftigung oder Arbeit nachgehen, trägt häufig schon das Rausgehen und irgendwo ankommen zu einer Tagesstruktur bei. Bietet das soziale Umfeld keine Möglichkeiten, dienen beispielsweise offene Tages-, Kontakt- oder Beratungsstellen der Einrichtungen und Dienste als Alternative. Das sind Orte, an denen man sich ohne große Anforderung einfach aufhalten kann. Dabei kann man Gemeinschaft erfahren und hat die Möglichkeit, Kontakte zu knüpfen, sich auszudrücken oder mitzuteilen. Tagesstruktur entsteht selbst dann, wenn man selbst nicht aktiv werden muss. Denn wann immer man sich in eine Gemeinschaft begibt, kommt es zu Kontakten und Kommunikation. Diese Erfahrung kann Sicherheit vermitteln.

→ Beispiel   Frau Benn lebt gerne allein. Trotzdem gelingt es Frau Galbo, sie immer häufiger zum gemeinsamen Kaffeetrinken in der ihrem Dienst angeschlossenen Wohngruppe des Wohnverbunds einzuladen. Frau Benn ist zwar wegen ihrer Unfreundlichkeit nicht immer willkommen, das ein oder andere Mal kommt es jedoch zu sehr harmonischen und atmosphärisch schönen Momenten. Nach und nach lernt sie die Besuche zu schätzen und wartet darauf. Sie werden zu wichtigen Terminen in der Woche und stabilisierten ihre Tages- und Wochenstruktur. ×

Risiken und Nebenwirkungen

Nicht alle Einrichtungen und Dienste sind »niederschwellig« und verfügen über das Angebot z.B. eines Treffs, bei dem man sich ohne große Anforderungen aufhalten kann. Der Besuch kann an einrichtungsbezogenen Bedingungen geknüpft sein.

Grundbedürfnisse der Menschen mit Unterstützungsbedarf sind das Erfahren von Gemeinschaft, über sinnstiftende Ereignisse dem Tag eine Struktur zu geben, seinen persönlichen Rhythmus zu finden und zu erhalten. Dafür sind alternativ zum sozialen Umfeld (auch geschützte) Räume im ambulanten und im stationären Bereich notwendig, die Begegnung ermöglichen.

Arbeitsmöglichkeiten erhalten und fördern

Arbeiten zu können und eine Beschäftigung zu haben, haben eine große Bedeutung. Nicht selten löst zum Beispiel bei den Menschen mit psychischen Problemen der Verlust des Arbeitsplatzes oder der Beschäftigung Krisen aus. Einer Tätigkeit nachzugehen, trägt dazu bei, dass Menschen sich gebraucht fühlen. Aus dem Entgelt sorgen sie für ihren eigenen Unterhalt oder tragen einen Teil dazu bei. Sie erfüllen gesellschaftlich akzeptierte Erwartungen und haben Teil am Konsum.

TIPP
Sorgen Sie für leichten Zugang zu entsprechendem Informationsmaterial der Agentur für Arbeit bzw. der Angebote anderer fachspezifischer Dienste und aktualisieren Sie diese regelmäßig.

Einrichtungen und Dienste bieten nur selten Arbeitsplätze oder Maßnahmen zur beruflichen Rehabilitation an. Der hohe Stellenwert der Arbeit verpflichtet sie zu einer engen Kooperation mit fachspezifischen Diensten. Dazu gehören u.a. der Integrationsfachdienst, der berufsbegleitende Dienst, Einrichtungen der beruflichen Rehabilitation, Werkstätten für Menschen mit Behinderung (WfbM) oder Einrichtungen mit Zuverdienstmöglichkeiten zum Beispiel in Tagesstätten bis hin zu ambulanten Arbeits- und Beschäftigungstherapien.

→ *Beispiel* Thomas Richter arbeitet im Gartenbaubetrieb einer Werkstatt für behinderte Menschen. Für das Leben in der eigenen Wohnung ist die regelmäßige Arbeit von besonderer Bedeutung und spielt in der Hilfeplanung eine große Rolle. Seine Betreuerin hat auch mit seinem Vorarbeiter über Probleme bei der Arbeit gesprochen. Er ist zwar grundsätzlich mit der Arbeit von Thomas Richter zufrieden, bemängelt aber, dass er sich zu leicht ablenken lässt, seinen Kollegen schon mal unglaubwürdige Geschichten erzählt oder jähzornig reagiert, wenn er gehänselt wird. Weil die Arbeit für seine Zufriedenheit und Tagesstruktur sehr wichtig ist, werden die Probleme auch im Hilfeplan und in der Hilfeplankonferenz thematisiert. Es werden unter anderem regelmäßige Gespräche zwischen Thomas Richter, seinem Vorarbeiter und seiner Betreuerin festgelegt. ✕

Risiken und Nebenwirkungen

Einrichtungen und Dienste können den Wert von Arbeit gering schätzen, da sie die Hilfen zum Leben vorrangig über ihr eigenes Hilfeangebot definieren und die alltäglichen Dinge des Lebens bewältigen.

Werkstätten für Menschen mit Behinderungen oder die Arbeit in

Tagesstätten werden nach den belegten Plätzen finanziert. Es besteht das Risiko, dass sie vorrangig an ihre Auslastung denken und Menschen mit Unterstützungsbedarf an ihr Angebot binden, obwohl sie auch Chancen auf dem freien Arbeitsmarkt hätten.

Arbeit ist ein elementarer Baustein zur Teilhabe am gesellschaftlichen Leben. Sie sorgt für soziale Sicherheit, gesellschaftliches Ansehen und Akzeptanz.

Beteiligung der Nutzer an der konzeptionellen Arbeit

Die Beteiligung und Mitwirkung der Menschen mit Hilfebedarf und ihrer Angehörigen an der konzeptionellen Arbeit der Einrichtungen und Dienste ist eine Voraussetzung für die gute Qualität der Angebote. Nutzer haben in der Regel andere Interessen und stellen andere Fragen. Ihr Blickwinkel, ihre Sichtweisen, Meinungen, Wahrnehmungen und Wertvorstellungen sind von großer Bedeutung. Es ist ein Gewinn, wenn die Sichtweise von Angehörigen und Freunden genutzt und in das fachliche Handeln einbezogen werden. Damit können neue Vorstellungen entwickelt und kann für mehr Zufriedenheit gesorgt werden. Angehörige, Freunde und engagierte Bürger fühlen sich eingeladen, wertgeschätzt und ernst genommen.
Fragen Sie deswegen nach: Welche Formen der Nutzerbeteiligung werden ermöglicht und praktiziert? Werden Angehörige, fachfremde, aber sozial engagierte Menschen bei der Entwicklung von Konzepten beteiligt? Wenn ja, in welcher Form? Wie können sich Menschen aus der Gemeinde an der Arbeit der Einrichtungen und Dienste beteiligen?
Es gibt Einrichtungen und Dienste, die beispielsweise bei der Einstellung von Mitarbeitern Vertreter der Nutzerperspektive (zum Beispiel Menschen mit Unterstützungsbedarf, Angehörige aus Angehörigengruppen oder Bürgerhelfer) beteiligen. Ihre Fragen und Interessen sind oft anders motiviert und ihre Sichtweise kann bereichern. Einige Einrichtungen verfügen über Beiräte, in denen zur Mitarbeit eingeladen wird. Mit ihrer Beteiligung ermöglichen sie einen gesellschaftlichen Anschluss der Menschen mit Unterstützungsbedarf.

→ Beispiel   Frau Frei ist Sprecherin einer Gruppe von Bürgerhelfern, die für die Einrichtung tätig ist, in der Herr Wiebert lebt und betreut wird. Eine Selbstverständlichkeit dieser Einrichtung ist es, dass sie die Mitglieder des Vereins an der konzeptionellen Arbeit und Entwicklung beteiligt. Dies geschieht in Form eines Beirates, der alle zwei Monate tagt und in dem die wichtigen Aufgaben des Vereins beraten werden. Die Leitung der Einrichtung hat sich verpflichtet, wichtige konzeptionelle Entscheidungen erst dann umzusetzen, wenn sie zuvor im Beirat beraten wurden. Auch Personaleinstellungen werden mit ihrer Beteiligung entschieden. Frau Frei nimmt deswegen regelmäßig als Vertreterin der Bürgerhelfer mit Sitz und empfehlender Stimme am Personalausschuss der Einrichtung teil. ×

 Risiken und Nebenwirkungen
Bürgerhelfer und Nutzervertreter können mit ihrer Perspektive und Betrachtungsweise kontroverse Diskussionen anstoßen. Bindet man sich an ihr Votum, ist für den gemeinsamen Austausch mehr Zeit nötig, um zu einer Entscheidung zu kommen.

Die Einbeziehung der Nutzerperspektive ist bereichernd und führt zu mehr Qualität und Zufriedenheit der Nutzer.

Übernahme der Versorgungsverpflichtung

Einrichtungen und Dienste übernehmen mit der Versorgungsverpflichtung Verantwortung für die Menschen in ihrer Heimatgemeinde oder Region. Dies bedeutet, dass sie sich zur flexiblen Anpassung ihrer Angebote an den Hilfebedarf verpflichten. Das erfordert Kreativität, fachliches Know-how, Engagement und Bereitschaft zur Zusammenarbeit mit allen Beteiligten. Zur Übernahme der Versorgungsverpflichtung sind sie allerdings nicht verpflichtet.
Versorgungsverpflichtung bedeutet auch, zuständig zu bleiben, wenn Menschen mit Unterstützungsbedarf besonders herausfordernd sind. Das können Gewaltbereitschaft, systemsprengendes Verhalten oder unangenehme Umgangsformen sein. Eine Kündigung der Hilfen erfolgt nur dann, wenn alle anderen Möglichkeiten geprüft wurden, und wenn dafür Sorge getragen wurde, dass der Mensch mit Unterstützungsbedarf anderweitig Hilfen bekommt.

→ Beispiel   Das Verhalten von Frau Benn ist häufig besonders herausfordernd. Sie nimmt gelegentlich Drogen, verweigert Hilfen für die Haushaltsführung, verwahrlost und sorgt in ihrem sozialen Umfeld für Konflikte und Streit. Ihr gesetzlicher Betreuer weiß anfangs nicht, wer für sie zuständig ist und stellt ihren Fall in der Hilfeplankonferenz vor. Frau Benn ist aufgrund ihrer Besonderheiten für die Hilfeanbieter der Stadt keine beliebte »Kundin«. Aufgrund der psychiatrischen Diagnose ist der gemeindepsychiatrische Träger für sie zuständig. Er hat die Versorgungsverpflichtung für alle psychisch Kranken in der Stadt übernommen und muss den »Fall« übernehmen. ×

 Risiken und Nebenwirkungen

Da zu erwarten ist, dass sich private Dienste mit der Übernahme der Versorgungsverpflichtung in der Regel zurückhalten, ist davon auszugehen, dass Menschen mit herausforderndem Verhalten zunehmend auf gemeinnützige Einrichtungen zukommen werden, insofern sie sich der Versorgungsverpflichtung stellen.

Mit der Übernahme der Versorgungsverpflichtung dokumentieren die Einrichtungen und Dienste ihre Verantwortung auch für die als schwierig geltenden Menschen. Ihre Betreuung ist eine Grundvoraussetzung der Zusammenarbeit in einem Gemeindepsychiatrischen Verbund.

Wohnformen flexibilisieren

Hilfen von Einrichtungen und Diensten erfolgen stationär zum Beispiel in Wohnheimen oder ambulant zum Beispiel durch das Betreute Wohnen. Insbesondere für Menschen mit einer kognitiven Behinderung gibt es traditionell mehr Wohnheimplätze als ambulante Betreuungsangebote. Erwiesen ist jedoch, dass nicht alle Menschen, die in einem Wohnheim leben, auch die »Rundum-Betreuung« benötigen. Sie leben häufig dort, weil es bisher keine Alternativen gab.

Erfahrungen zeigen jedoch, dass viele Menschen mit Unterstützungsbedarf Ressourcen haben, die durch ein langes Verbleiben in einem Wohnheim eingeschränkt werden bzw. sich nicht entwickeln können. Bei anderen können die Lebensumstände so ungünstig sein, dass intensive Hilfe und das Leben in einem Wohnheim sinnvoll sind. Sie benötigen ein hohes Maß an Unterstützung und ein

Wohnumfeld, in dem sie nicht stigmatisiert oder ausgegrenzt werden. Das kann dazu beitragen, dass ihnen das Leben leichter gelingt. Manche wollen in diesem Lebensumfeld bleiben, aber gleichzeitig mehr Selbstständigkeit erlangen, ohne die bisherigen Beziehungen zu verlieren.

Dienste und Einrichtungen können ihnen ermöglichen, in ihrem Wohnumfeld zu bleiben und gleichzeitig schrittweise den Weg in die Selbstständigkeit anbieten, indem sie ihre Wohnangebote den Zielen der Menschen mit Unterstützungsbedarf flexibel anpassen. Das können z. B. Mischformen von Wohnheimen und Betreutem Wohnen sein. Menschen mit Unterstützungsbedarf, die mehr Selbstständigkeit wollen, können dann in einem Wohnheim wohnen, wo sie sich gut betreut fühlen. Sie verlieren aber z. B. ihren Status als Wohnheimbewohner oder erhalten ihn gar nicht erst. Kriterien für die passende Wohnform sind ihr persönlicher Hilfebedarf und ihre persönlichen Ziele, also das, was sie in ihrem Leben unter der Berücksichtigung ihrer persönlichen Lebensumstände erreichen wollen. Maßstab sind nicht die institutionellen Möglichkeiten.

→ **Beispiel** Der Dienst, der für Frau Benn zuständig ist, bietet in zwei Mehrfamilienhäusern flexible Wohnformen an. Die Bewohner leben in ganz normalen Wohnungen, vom Apartment bis hin zu einer 3-Zimmer-Wohnung. Darin wohnen zwei Bewohner mit einem Heimstatus, ein Dritter hat sein Zimmer und die Nutzung der Gemeinschaftsräume gemietet. Er erhält Unterstützung im Rahmen des Betreuten Wohnens. Für ihn bedeutet es sehr viel, nicht als Heimbewohner zu gelten, gleichwohl ist es ihm wichtig, in der Hausgemeinschaft zu leben. Besonders wichtig ist ihm, dass sein Betreuer nach dem Wechsel vom Heimstatus zum Betreuten Wohnen nach wie vor für ihn zuständig ist und die in den Jahren gemeinsam entwickelte Betreuungsbeziehung erhalten werden konnte. Die Möglichkeit zu mehr Selbstständigkeit, ohne die Hausgemeinschaft verlassen zu müssen, hat sich motivierend auf alle Bewohner ausgewirkt. In der Folge haben zwei weitere die Möglichkeit des selbstständigen Wohnens genutzt. Wenn neue Bewohner aufgenommen werden, wird vorrangig geprüft, ob ein Betreutes Wohnen möglich ist. ×

Risiken und Nebenwirkungen

Die Umsetzung flexibler Wohnformen – z. B. als Kombinationsleistung von Wohnheim und Betreutem Wohnen in einem Gebäude –

erfordert Flexibilität und Innovation. Die Finanzierung und die Organisation der Dienste stellen hohe Anforderungen an die Hilfeplanung.

Wohnformen zu flexibilisieren und sie den Wünschen und Zielen der Menschen mit Unterstützungsbedarf anzupassen, ist ein Weg, die Übergänge zwischen ambulanten Hilfen und des Wohnens in einem Heim fließend zu gestalten.

Kooperation der regionalen Einrichtungen und Dienste

Die Einrichtungen und Dienste sind in der Regel eigenständig und autonom bei der Gestaltung ihrer Hilfen. 1988 stellte eine Expertenkommission der Bundesregierung zur Weiterentwicklung der Gemeindepsychiatrie fest, dass die Vernetzung von Hilfeanbietern vor Ort wesentlich zur Verbesserung einer gemeindenahen Versorgung beitragen könnte. Sie empfahl eine enge Kooperation der Einrichtungen und Dienste über die Gründung und Zusammenarbeit in Verbundsystemen. Alle Hilfeanbieter und die zuständigen Einrichtungen sollten sich dabei als Teil der Gemeinde verstehen, die konkrete Teilhabemöglichkeiten für die Betroffenen abzustimmen hätten. Ziel der Verbundlösung sei es, eine Wende von einer mehr angebotsorientierten, institutionsbezogenen Hilfeplanung zu einer sicherstellenden Versorgungsverpflichtung sowie einer personenbezogenen Hilfeleistung zu vollziehen.
In den 1990er-Jahren regte die Aktion Psychisch Kranke (APK) in Modellregionen die Schaffung Gemeindepsychiatrischer Verbünde (GPV) an und unterstützte ihre Entwicklung. Die beteiligten Einrichtungen und Dienste verpflichteten sich vertraglich zu enger Kooperation und Transparenz mit dem Ziel, den Menschen mit Hilfebedarf ein möglichst umfassendes Angebot in der für sie zuständigen Region anbieten zu können. Federführend waren in der Regel die Kommunen und die Psychiatriekoordinatoren sowie die Leistungsanbieter, also Vertreter der Einrichtungen und Dienste, die sich zu einer verbindlichen Versorgung verpflichtet haben. Die Erwartungen bestätigten sich. Es entstand eine bis dahin noch nicht da gewesene Übersicht über die Angebote der Region und der Defizite.

TIPP

Informationen finden Sie auf der Internetseite der Bundesarbeitsgemeinschaft Gemeindepsychiatrischer Verbünde: www.bag-gpv.de

Die Zusammenarbeit im Verbund erleichterte die Kooperation in den Hilfeplankonferenzen. Die Beteiligung der Einrichtungen und Dienste am Verbund ist daher unerlässlicher Auftrag, um zu einer besseren Teilhabeplanung der Betroffenen beizutragen. Die verantwortlichen Kostenträger unterstützen in der Regel diesen Prozess und nutzen bereits bestehende regionale Gremien oder Verbundsysteme.

Auch wenn diese Art der Zusammenarbeit ursprünglich in der gemeindepsychiatrischen Versorgungslandschaft entstanden ist, ist sie heute Vorbild und Praxisempfehlung für den gesamten Bereich der Eingliederungshilfe, also auch für die Hilfen für Menschen mit einer kognitiven bzw. körperlichen Behinderung sowie in der Abhängigkeits- und Aidskrankenhilfe.

Für die Gründung eines Verbundes bedarf es der Bereitschaft und des Willens zur Vernetzung. Das ist bisher nur in wenigen Regionen der Fall. Transparenz, Kommunikation und Kooperation fordern die Hilfeanbieter heraus, ihre fachlichen Angebote stets dem sich verändernden Unterstützungsbedarf anzupassen.

→ Beispiel Der Dienst, der Frau Benn begleitet, ist Mitglied im Gemeindepsychiatrischen Verbund. Die Zusammenarbeit mit den anderen örtlichen Hilfeanbietern ist in einer Geschäftsordnung geregelt. Die Angebote aller Anbieter der Stadt sind bekannt und transparent. Herr Schneider vertritt seinen Dienst in der gemeinsamen Hilfeplankonferenz. Alle Beteiligten stellen fest, dass das Angebot des Vereins am besten für Frau Benn geeignet ist. ×

 Risiken und Nebenwirkungen

Die Zusammenarbeit im Verbund ist freiwillig. Ihre Qualität ist davon abhängig, wie offen und bereitwillig die Einrichtungen und Dienste kooperieren und konkurrenzfrei kommunizieren.

Kooperation liegt im Interesse aller, die personenzentriert handeln wollen. Die Zusammenarbeit im Verbund sichert Vernetzung und Transparenz über die Vielfalt der Angebote.

Was sind Hilfeplankonferenzen und welche Aufgaben haben sie?

Sie werden unterschiedlich benannt, haben aber vergleichbare Aufgaben: Hilfeplankonferenzen heißen sie im Einzugsbereich des Landschaftsverbandes Rheinland (LVR), Clearingstellen im Bereich des Landschaftsverbandes Westfalen-Lippe (LWL). Auch in den anderen Bundesländern gibt es vergleichbare Gremien, teils mit der gleichen Bezeichnung oder auch als Teilhabekonferenz bezeichnet.

Ihnen kommt im Hilfeplanverfahren eine Schlüsselrolle zu. Sie beraten und begutachten den individuellen Hilfebedarf und prüfen die Plausibilität der Hilfepläne. Im Idealfall arbeiten sie auf der Basis einer Geschäftsordnung und finden in regelmäßigen Abständen statt. Alle Teilnehmer verpflichten sich zur Einhaltung des Datenschutzes und zur Schweigepflicht. Ihre Empfehlungen sind Ergebnis kollektiver fachlicher Beratung. Es sitzen alle an einem Tisch: der Mensch mit Unterstützungsbedarf, die Einrichtungen und Dienste, die für ihn eine Kostenübernahme beantragen und diejenigen, die die Kosten bewilligen.

Über die Zusammenarbeit in der Hilfeplankonferenz sind die Angebote, Konzepte und Zuständigkeiten der Hilfeanbieter transparent und Versorgungslücken sichtbar. Die Arbeit einer Hilfeplankonferenz wird im Folgenden am Beispiel des Rheinlandes dargestellt.

Die Hilfeplankonferenzen widmen sich allen Zielgruppen. Da nicht über alle in einer einzigen Hilfeplankonferenz beraten werden kann, findet eine Aufteilung statt. Die Beteiligung der fachlich verantwortlichen Einrichtungen und Dienste soll ermöglicht werden. Rechtliche Grundlage sind das SGB XII, § 53, und das SGB IX, § 9. Eine Hilfeplankonferenz kann sich z. B. wie folgt zusammensetzen:

- Vertreter des überörtlichen Trägers der Sozialhilfe, oft als Fallmanager bezeichnet
- Vertreter des örtlichen Sozialhilfeträgers
- Vertreter der Krankenkasse und/oder der ARGE
- Das Gesundheitsamt (in der Regel der Sozialpsychiatrische Dienst)
- Die Behindertenkoordination

TIPP

Verschaffen Sie sich darüber Klarheit, wer an der Hilfeplankonferenz beteiligt und wer für die Koordination zuständig ist. Bringen Sie in Erfahrung, nach welchen Vorgaben, Schwerpunkten und Kriterien die Hilfepläne geprüft werden.

- Vertreter der regionalen ambulanten und stationären Leistungsanbieter
- Vertreter des Sozialpsychiatrischen Zentrums oder der Kontakt-, Koordinierungs- und Beratungsstelle für Menschen mit einer geistigen Behinderung
- Vertreter einer Sektorstation (z. B. die Station einer psychiatrischen Klinik, die zum Zwecke einer verbesserten Kooperation vorrangig Menschen aus einer bestimmten Region aufnimmt)

→ Beispiel   Der Hilfeplan für Frau Benn wird nach der Übernahme der Begleitung durch das Sozialpsychiatrische Zentrum (SPZ) erneut in der Hilfeplankonferenz vorgestellt. Der Vertreter des überörtlichen Sozialhilfeträgers (Fallmanager) erhielt ihn vier Wochen vor dem Termin. Die Vertreter der Hilfeplankonferenz prüfen den Hilfebedarf auf Plausibilität. Über den relativ hohen Hilfebedarf wird kritisch beraten und Herr Schneider und Frau Galbo geben weitere Informationen. Obwohl Frau Benn Hilfen benötigt, die auch zur Kostenträgerschaft der Pflegekassen gehören (z. B. die Hilfen beim Waschen und Duschen) erkennt der überörtliche Träger an, dass es fachlich geboten ist, die Leistung aus »einer Hand« zu leisten. Es wird deutlich, dass Frau Benn wegen ihrer Persönlichkeitsstörung keine wechselnden Personen für diese Aufgabe akzeptieren kann. Die Finanzierung erfolgt im Rahmen des Betreuten Wohnens. Der Fallmanager folgte der Empfehlung. ✕

TIPP
Nutzen Sie das Arbeitsmaterial 22 »Handreichung für Moderatoren von Hilfeplankonferenzen«.

Der fachliche Austausch und das Klima in der Hilfeplankonferenz sind abhängig von den beteiligten Personen. Die Arbeitsbeziehung kann von freundlich-kollegialer Diskussion bis zum Austragen von Streit und Rivalitäten reichen.

Die Anforderung an die beteiligten Fachkräfte der Dienste und Einrichtungen, Hilfepläne neutral zu beurteilen, ist hoch. Sie können in einen Konflikt zwischen den eigenen (wirtschaftlichen) Interessen und dem fachlich Gebotenem geraten.

Die Vertreter der Kostenträger kennen die Menschen mit Unterstützungsbedarf oft nur über die Lektüre des Hilfeplans bzw. über die kurze Begegnung mit ihm bzw. seinem Betreuer in der Hilfeplankonferenz.

✋ Risiken und Nebenwirkungen

Häufig sind Hilfen von mehreren Kostenträgern notwendig. Jugendämter, Rentenversicherungsträger, Krankenkassen, Pflegekassen oder Arbeitsverwaltungen sind aber nur in Ausnahmefällen an den Hilfeplankonferenzen beteiligt. Menschen mit Unterstützungsbedarf benötigen aber i.d.R. Hilfen »aus einer Hand«, die von unterschiedlichen Kostenträgern finanziert werden. Vertreter der Eingliederungshilfe können Hilfen ablehnen, die nicht in die Zuständigkeit »Hilfe zum selbstständigen Wohnen« gehören. Welcher Kostenträger für welche Leistung wann und wie zuständig ist, ist auslegbar und kann selbst innerhalb einer Hilfeplankonferenz zum Streit über Finanzierungsverteilungen führen. Es kann sein, dass Zuständigkeitsprobleme ungelöst an die Einrichtungen und Dienste abgegeben werden.

Hilfeplankonferenzen haben im Hilfeplanprozess eine Schlüsselrolle. Sie beraten und begutachten den individuellen Hilfebedarf und prüfen die Plausibilität der Hilfepläne. Nicht alle Kostenträger sind daran beteiligt. Wer für welche Finanzierung zuständig ist, ist zwar in den Sozialgesetzbüchern geregelt, ist aber auslegbar und führt nicht selten zu Auseinandersetzungen. Die Eingliederungshilfe hat eine »Auffangfunktion«.

Plausibilität der Hilfepläne prüfen, begutachten und eine Empfehlung aussprechen

Die Hilfeplankonferenz prüft die Plausibilität der Hilfeplanung, den Plan selbst und den Prozess der bisherigen Unterstützung. Für sie ist es unter anderem wichtig zu wissen, ob im Hilfeplan die methodischen Schritte der Personenzentrierung eingehalten wurden: Sind die daraus entwickelten Hilfemaßnahmen sinnvoll und plausibel?

→ Beispiel   Frau Galbo und der gesetzliche Betreuer von Frau Benn, Herr Gerken, nehmen an der Hilfeplankonferenz teil. Frau Benn ist dazu nicht bereit. Für die Vorstellung ihres Falles stehen 15 Minuten zur Verfügung. Frau Galbo hat die Vorstellung anhand des Begleitbogens zur Vorstellung von Hilfeplänen in der Hilfeplankonferenz (Arbeitsmaterial 6) vorbereitet. Sie hat den Basisbogen und den Bogen für Ziele und Maßnahmen kopiert und an alle Teilnehmer der Hilfeplankonferenz verteilt. Der vollständige Hilfeplan lag dem Vertreter des Landschaftverbandes Rheinland als Kostenträger vier Wochen vorher vor, ein weiteres Exemplar erhielt der Moderator der Hilfeplankonferenz vorher (Leiter des Sozialpsychiatri-

TIPP

Nutzen Sie den Begleitbogen zur Vorstellung von Hilfeplänen in der Hilfeplankonferenz (Arbeitsmaterial 6).

schen Dienstes beim Gesundheitsamt). Für die Vorstellung des Hilfeplans benötigt Frau Galbo etwa sieben Minuten.
Die Mitglieder der Hilfeplankonferenz haben Verständnisfragen und Diskussionsbedarf. Sie überziehen ihre Beratungszeit, da der Hilfebedarf sehr komplex ist und die Zuständigkeit für die einzelnen Hilfen hinterfragt und diskutiert werden muss. Letztendlich folgen sie der Empfehlung der im Hilfeplan vorgeschlagenen Maßnahmen. Die ambulante Betreuung erhielt den Vorrang und soll fortgesetzt werden, obwohl die Kosten von 8,5 Fachleistungsstunden pro Woche ähnlich hoch ausfallen wie für einen Wohnheimplatz. Das Ergebnis wird protokolliert und zwei Tage später bekommt Herr Gerken das Protokoll. Nach zwei Wochen bekommt er auch die schriftliche Zusage des Kostenträgers. ×

 Risiken und Nebenwirkungen

Das personenzentrierte Vorgehen ist aus dem Hilfeplan nicht unbedingt ableitbar. Es ist deswegen möglich, dass die Teilnehmer der Hilfeplankonferenz eigene Kriterien für einen guten und plausiblen Hilfeplan entwickeln. Das kann Raum für kreative Lösungen bieten, aber auch zu einem bürokratischen Umgang verleiten.
Zur Vermeidung von ständigen Diskussionen neigen Hilfeplankonferenzen zu »Paketlösungen«. Sie können z.B. für Leistungen, die eigentlich individuell und flexibel zu ermitteln sind, Pauschalen verabreden. Sie einigen sich darauf, z.B. für den Lebensbereich der Freizeitgestaltung maximal 30 Minuten zu empfehlen. Oder sie verabreden, dass ein Hilfebedarf erst beraten wird, wenn er drei Stunden pro Woche übersteigt.
Die Zeit, Hilfepläne gründlich zu prüfen, ist in der Regel sehr knapp bemessen. Die Gefahr, Fragen zurückzuhalten oder notwendige Beratungszeit nicht zu nutzen, ist hoch, sobald der Zeitdruck steigt und die Arbeitsatmosphäre angespannt wird.
In einigen Regionen gibt es mehrere Hilfepläne für ein und dieselbe Person. Dort fällt es schwer, sich darauf zu verständigen, dass für einen Klienten nur ein Hilfeplan notwendig und sinnvoll ist.
Die trägerübergreifende Koordinierung und Abstimmung zwischen den Einrichtungen und Diensten funktioniert eher selten.

Hilfeplankonferenzen überprüfen kritisch die Plausibilität der Hilfeplanung. Die Effektivität und Qualität der Prüfung ist abhängig vom methodischen Vorgehen und der Qualität der Hilfepläne. Alle Beteiligten sollten im Vorfeld wissen, was einen guten Hilfeplan auszeichnet.

Einrichtungsferne Unterstützung fördern und die Berechtigung institutioneller Hilfen prüfen

Die Hilfeplankonferenz muss prüfen, welche Hilfeform die angemessene ist und welcher Hilfebedarf zu welcher Hilfeform passt. Das soll in Anlehnung an den Grundsatz »ambulant vor stationär« erfolgen. Das bedeutet, dass die Hilfen aus dem sozialen Umfeld, allgemeine soziale Hilfen und ambulante Versorgungsangebote Vorrang haben.

→ Beispiel   Frau Benn kann auf keine Hilfen aus dem privaten und sozialen Umfeld zurückgreifen. Sie bekam Hilfe von einem Pflegedienst, der aber scheiterte. Ihr aktueller Hilfebedarf ist behinderungsspezifisch und rechtfertigt eine Aufnahme in ein Wohnheim. Der ambulanten Versorgung wird jedoch Vorrang gewährt. Dazu werden die Hilfen auf mehrere Dienste verteilt und die Koordination liegt bei der Bezugsbetreuerin Frau Galbo:
Frau Benn erhält Hilfe zum selbstständigen Wohnen durch das Sozialpsychiatrische Zentrum in Person von Frau Galbo.
Die Sorge und Organisation der finanziellen Angelegenheiten erfolgt durch ihren gesetzlichen Betreuer Herrn Gerken.
Es wird angestrebt, die Hilfe für die Haushaltsführung teilweise durch eine Reinigungsfachkraft des sozialen Stadtdienstes durchführen zu lassen.
Die Vergabe der Medikamente erfolgt durch einen Pflegedienst.
Der Antrag auf Zuteilung einer Pflegestufe ist in Vorbereitung. Die soziale Teilhabe wird von ehrenamtlichen Mitarbeitern unterstützt. Bei der Versorgung des Hundes hilft ein Nachbar. ×

→ Beispiel   Herr Köster leidet seit einem Verkehrsunfall unter einem hirnorganischen Psychosyndrom. Seine Beeinträchtigungen sind umfangreich und die notwendigen Hilfen, um seinen Alltag zu regeln, auf lange Sicht umfassend. In die Hilfeplanung wird seine Tante einbezogen. Sie erklärt sich bereit, ihn an jedem Wochenenden zu sich zu nehmen und langfristig und kontinuierlich umfangreiche Aufgaben zu übernehmen. Das verhilft ihm über Jahre zu einer Lebensqualität sehr nahe an seinen Wünschen und Zielen. Er will nicht in ein Heim und wenig professionelle Hilfe. Er nimmt seine Teilhabe wahr und die Kostenträger sparen. ×

Risiken und Nebenwirkungen
Ambulant vor stationär ist ein Grundsatz der Personenzentrierung. Er kann als Vorwand missbraucht werden, um eine Unterbringung in einem Wohnheim zu vermeiden, die vielleicht eher dem Hilfebedarf entspricht, aber teurer ist.

Inklusion ist Ziel der Hilfeplanung und Hilfeleistung. Das soziale Umfeld muss einbezogen und berücksichtigt werden. Die Hilfeplankonferenz braucht Informationen, ob im Vorfeld die Vorrangigkeit der Hilfen aus dem sozialen Umfeld geprüft wurde. Das sollte im Hilfeplan dokumentiert sein und in der Hilfeplankonferenz berichtet werden.

Beteiligungen der Menschen mit Unterstützungsbedarf ermöglichen, aber nicht erzwingen

Die Frage, ob Menschen mit Unterstützungsbedarf bei der Beratung ihres Hilfeplans an der Hilfeplankonferenz teilnehmen sollten, wird unterschiedlich beantwortet. Für Menschen mit hoher Vulnerabilität oder mit sozialen Ängsten ist dies nahezu unmöglich. Andere empfinden ihre Teilnahme als besondere Aufmerksamkeit und erleben es positiv, wie über ihre Hilfen beraten wird und wer welche Aufgaben hat. Hilfeplankonferenzen müssen daher die Beteiligung der Antragsteller fördern und ermöglichen, sollten sie jedoch nicht erzwingen.

TIPP
Erkundigen Sie sich, in welcher Form die Beteiligung des Menschen mit Hilfebedarf gewünscht wird und mit welchen Fragen zu rechnen ist. Informieren Sie ihn ausführlich über die Aufgaben und den Ablauf von Hilfeplankonferenzen und bereiten Sie ihn gut darauf vor.

Die Teilnahme der Menschen mit Unterstützungsbedarf an der Hilfeplankonferenz fordert von allen Beteiligten besondere Sorgfalt und Vorbereitung, zum Beispiel bei der Vorstellung der Beteiligten, eine verständliche Sprache zu sprechen und keine kontroversen und konfliktbeladenden Diskussionen zu führen.

Zum Schutze der Persönlichkeit und ihrer persönlichen Angaben können Hilfepläne auch anonym in der Hilfeplankonferenz vorgestellt werden. Das muss vorher festgelegt werden.

→ **Beispiel** Thomas Richter ist stolz darauf, selbstständig wohnen zu können und dass man sich im Hilfeplanverfahren so intensiv mit ihm beschäftigt. Ihm gefällt es, dass nach seinen Wünschen gefragt wird und er sie in seinem Hilfeplan formulieren konnte. Deswegen wollte er auch unbedingt an der Hilfeplankonferenz teilnehmen. Seine Betreuerin bereitete ihn darauf vor. Sein Hilfeplan ist plausibel und die Teilnehmer sind beeindruckt von seinem Auftreten. Denn besser als es im Hilfeplan zum Ausdruck gebracht werden kann, kann er persönlich seine Motivation zum selbstständigen Leben deutlich machen. Nach der Hilfeplankonferenz meinte er: »Ich habe erzählt und so. Die waren freundlich gewesen. Gut gehört, was ich gesagt. Angst musst du davor nicht haben. Ist doch kein Problem. Na also!«

Risiken und Nebenwirkungen

Wird nicht auf die besondere Situation des Menschen mit Unterstützungsbedarf eingegangen, kann dies zu Irritationen und Verunsicherungen führen. Das kann zu Symptomen wie bei Prüfungen führen: Stress, Nervosität und das Erleben, vorgeführt zu werden. Müssen sehr viele Hilfepläne in kurzer Zeit beraten werden, kann Zeitdruck entstehen, der sich auf die Antragsteller und ihre Begleitpersonen auswirken kann.

Der Mensch mit Unterstützungsbedarf ist sein eigener Experte und seine Beteiligung an der Hilfeplankonferenz sollte unterstützt, aber nicht erzwungen werden. Die Hilfeplankonferenz muss ein Klima schaffen, in dem die Teilnahme problemlos möglich ist.

Welche Aufgaben haben die Kostenträger?

Im Hilfeplanverfahren werden die individuellen Hilfen der Menschen mit Unterstützungsbedarf ermittelt. Die dafür notwendigen Hilfen können aber in die rechtliche und finanzielle Zuständigkeit verschiedener Kostenträger fallen. In den Sozialgesetzbüchern ist geregelt, wer wofür zuständig ist und wer die Hilfen bezahlen muss:
- Sozialhilfe (SGB XII)
- Gesetzliche Krankenversicherung (SGB V)
- Gesetzliche Rentenversicherung (SGB VI)
- Rehabilitation und Teilhabe behinderter Menschen (SGB IX)
- Soziale Pflegeversicherung (SGB XI)
- Arbeitsförderung (SGB II)

Aus den Gesetzbüchern geht aber nicht immer eindeutig hervor, wer für die jeweilige Kostenübernahme der in der Hilfeplanung erforderlichen Maßnahmen zuständig ist. Für die individuelle Hilfeplanung – so wie wir sie beschreiben – ist vorrangig die Eingliederungshilfe zuständig. Generell gilt aber, dass alle sozialversicherungsrechtlichen Möglichkeiten ausgeschöpft werden müssen, bevor die Sozialhilfe (Eingliederungshilfe) in Anspruch genommen werden kann. Andere Kostenträger beteiligen sich deswegen nur in Ausnahmen an der Hilfeplanung. Die Konsequenzen sind häufig unklar und führen zu Diskussionen über die Kostenverteilung und Auseinandersetzungen bis hin zum Rechtsstreit.

Die Sozialhilfe übernimmt eine »Auffangfunktion«: Auch bei Unklarheiten über die Kostenzuständigkeit ist sie verpflichtet, die Leistung vorerst zu gewähren (§ 2 Abs. 1 Satz 1 SGB XII). Deswegen liegt der Schwerpunkt der im Folgenden genannten Aufgaben für das Gelingen personenbezogener Hilfeplanung bei der Eingliederungshilfe und den Kostenträgern für Sozialhilfe (SGB XII) sowie Rehabilitation und Teilhabe am gesellschaftlichen Leben (SGB IX).

Mischleistungen anstreben

Im Interesse der betroffenen Menschen ist es deswegen die Aufgabe aller Kostenträger, Mischleistungen anzustreben: Alle erforderlichen Leistungen sollten im Hilfeplan dokumentiert und die Finanzierung anteilig entsprechend der Zuständigkeiten auf die Kostenträger verteilt werden. Dafür gibt es bisher jedoch noch keine gesetzliche Grundlage.

→ Beispiel   Frau Benn wird von Frau Galbo beim Waschen, Duschen und Ankleiden unterstützt. Das ist eine klassische Leistung der Pflegeversicherung. Frau Benns psychische Erkrankung hindert sie jedoch daran, wechselnde Personen, wie es bei einem Pflegedienst üblich ist, akzeptieren zu können. Sie benötigt für diese Hilfe eine ihr vertraute Person, die sie in Frau Galbo gefunden hat. Frau Galbo ist Mitarbeiterin eines Dienstes der Eingliederungshilfe. Sie erfüllt aber im eigentlichen Sinne Aufgaben der Pflegeversicherung. Die Zuständigkeit lässt sich rechtlich so unterscheiden: Ein Pflegedienst würde Frau Benn Aufgaben abnehmen und diese stellvertretend für sie ausführen. Das Ziel der Eingliederungshilfe bzw. des Betreuten Wohnens ist es, dass Frau Benn die Aufgabe irgendwann alleine übernehmen kann. Die Mitglieder der Hilfeplankonferenz finden es plausibel und fachlich geboten, dass die Hilfen vom Betreuten Wohnen übernommen werden. ×

Nach dem Grundsatz »ambulant vor stationär« handeln und finanzieren

Das Prinzip »ambulant vor stationär« hat zum Paradigmenwandel in der Eingliederungshilfe geführt. Dabei geht es den Kostenträgern darum, mehr Normalität für die Betroffenen zu erreichen und Kosten zu reduzieren bzw. ihren Anstieg zu bremsen. Es gilt der Grundsatz: Wenn die Hilfen, die der Mensch benötigt, in seinem »normalen« Lebensumfeld organisiert werden können, sollte das auch geschehen.
Vielen Menschen fällt es schwer, ihr gewohntes Lebensumfeld zu verlassen. Denn Vertrautes und Gewohntes bietet Sicherheit, ob im Elternhaus oder in einem Wohnheim. Für Menschen mit Hilfebedarf sind Ortswechsel, Beziehungsabbrüche und Veränderungen

des Milieus in der Regel schwierig zu bewältigen, weil dies emotional belastend sein kann. Das führt nicht selten zu einem höheren Hilfebedarf. Ziel der Hilfeplanung sollte es deswegen sein, es dem Menschen mit Unterstützungsbedarf zu ermöglichen, weitgehend in seinem vertrauten Lebensumfeld zu bleiben und ihn in ein neues zu begleiten, auch wenn der Hilfebedarf größer wird. In der Hilfeplanung muss daher sorgfältig geprüft werden, ob alle Möglichkeiten ausgeschöpft sind, um den Menschen in einem »normalen« Umfeld zu belassen bzw. ob selbstständiges Wohnen möglich ist.

→ Beispiel Der Paradigmenwechsel hat es Frau Benn möglich gemacht, dass sie ein Hilfeangebot bekommt, das ein Leben in der eigenen Wohnung gewährleistet, obwohl der Unterstützungsbedarf größer ist als die Unterbringung in einer stationären Wohneinrichtung. ×

Risiken und Nebenwirkungen

Benötigt ein Mensch dauerhaft Hilfen und liegen die Kosten über denen einer Heimunterbringung, bewilligen die Kostenträger sie in der Regel nur, wenn davon auszugehen ist, dass sie in einem absehbaren Zeitraum reduziert werden können.

Das Prinzip »ambulant vor stationär« steht für den Paradigmenwandel in der Eingliederungshilfe.

Wie setze ich individuelle Hilfeplanung methodisch und praktisch um?

Die Methoden der individuellen Hilfeplanung bilden den Schwerpunkt dieses Buches. Sie werden im Folgenden Schritt für Schritt erläutert. Dieses Kapitel beginnt mit Anregungen zur grundsätzlichen Haltung und damit, welche Vorbereitung für die Hilfeplanung sinnvoll ist. Es wird gezeigt, dass die Art und Weise, wie wir mit den Menschen in Kontakt treten, von entscheidender Bedeutung ist, und dies erheblichen Einfluss auf die Ergebnisse der Hilfeplanung hat.
Danach wird es noch konkreter: Die Arbeitsmaterialien werden in Form einer kommentierten Übersicht vorgestellt. Sie bilden das Kernstück des Praxisteils. Die methodischen Schritte werden beschrieben und erklärt, wie und an welcher Stelle die Arbeitsmaterialien sinnvoll angewendet werden können. Alle Arbeitsmaterialien stehen zum Download auf der Internetseite zum Buch zur Verfügung: www.balance-verlag.de/buecher/detail/book-detail/individuelle-hilfeplanung-in-der-praxis-2.html

Grundhaltung in der Hilfeplanung

Die folgenden Aspekte beschreiben eine förderliche Grundhaltung bei der Hilfeplanung, verhelfen zu mehr Qualität und schaffen eine gute Gesprächsatmosphäre. Je mehr dieser Aspekte Berücksichtigung finden, umso erfolgreicher können die Hilfeplangespräche sein. Es ist hilfreich, sich selbst dabei als Lernender zu begreifen, sich Fehler zu erlauben und den Ehrgeiz zu entwickeln, es beim nächsten Mal anders oder besser zu machen.

Neugier und Interesse, Zeit und Raum

Begegnen Sie dem Menschen mit Unterstützungsbedarf, seinen Angehörigen und Freunden mit Neugier und Interesse. Es sind Menschen mit viel Erfahrungen und bewegenden Geschichten. Sorgen Sie dafür, dass sie Zeit und Raum genug haben, die eigenen Gedanken und Wünsche zu äußern. Hören Sie ihnen aufmerksam zu, lassen Sie sie ausreden, räumen Sie ihnen Zeit ein, über die Inhalte der Gespräche nachdenken zu können. Fragen Sie nach, ob Sie sich verständlich ausgedrückt haben. Gehen Sie davon aus, dass es für die Menschen mit Unterstützungsbedarf und für deren Angehörige emotional belastend sein kann, mit professionellen Helfern über persönliche und familiäre Probleme zu sprechen.

Verständliche Sprache

Professionelle Helfer verwenden häufig Fachbegriffe oder Abkürzungen, die für sie selbstverständlich und zur Alltagssprache geworden sind (zum Beispiel Ergotherapie, Tagesstruktur, SPZ oder BTZ). Für Menschen mit Unterstützungsbedarf und ihre Angehörigen sind diese häufig unverständlich. Bitte vermeiden Sie dies oder erklären Sie solche Begriffe nachvollziehbar.

Respekt und Neutralität

Begegnen Sie allen Beteiligten mit Respekt, auch wenn sie eine andere Meinung vertreten. Mitarbeitern von Einrichtungen und Diensten erscheinen manchmal Angehörige als Mitverursacher der Probleme des Menschen mit Unterstützungsbedarf. Das kann so sein, muss aber nicht. Wenn es so ist, hilft keine Schuldzuweisung. Sie wirken kontraproduktiv und erhöhen den Widerstand gegen Lösungen, die im Gespräch entwickelt werden sollen. Es hilft, eine solche Haltung einzunehmen, in der man davon ausgeht, dass jeder Mensch so handelt, wie er meint, es tun zu müssen und keine negativen Absichten verfolgt. Vermeiden Sie im Gespräch, über das zu urteilen, was Sie meinen bereits einschätzen zu können.
Bleiben Sie neutral. Gehen Sie innerlich ein wenig auf Distanz, nehmen Sie die Rolle eines Beobachters ein, während Sie beteiligt bleiben und präsent sind. Beurteilen Sie das, was besprochen und vereinbart wird neutral, so als hörten Sie es das erste Mal. Das hilft, sich vor der Überzeugung zu bewahren, ohnehin die Wahrheit zu wissen. Denn jeder Mensch weist in seiner Entwicklung immer wieder Überraschendes auf und lässt Unerwartetes aufblühen.
Seien Sie bereit, den Menschen mit Unterstützungsbedarf und seine Umgebung zu verstehen. Nutzen Sie gemeinsame Situationen, das Handeln und die Gespräche zum Kennenlernen und um Neues zu erfahren.

Zuversichtlich für neue Lösungen sein

Man kann Probleme eines Menschen auch als Versuch verstehen, Lösungen für seine schwierige Lebenssituation zu finden. Deutlich wird dies beispielsweise bei Menschen, die ein Trauma erleben mussten. Sie neigen häufig dazu, das Trauma zu wiederholen oder sich in Situationen zu begeben, die eine ähnliche Gefahr bedeuten. Das ist eine Form der Selbstschädigung, aber paradoxerweise kann sich dahinter der Wunsch verbergen, einer bedrohlichen Lage zu entkommen.

Andere fallen durch nicht konformes Verhalten auf, das von der Umwelt als Fehlverhalten gesehen wird. Aus der Perspektive des Menschen mit Hilfebedarf kann das aber ein Lösungsversuch sein und der Selbsterhaltung dienen. Seien Sie in solchen Situationen zuversichtlich, bewahren Sie sich die Fähigkeit des Staunens über die kreativen oder auch bizarr anmutenden Eigenarten. Bleiben Sie respektvoll und ermutigen Sie den Menschen mit Unterstützungsbedarf, dass es auch andere und möglicherweise bessere Lösungen zur Bewältigung der Probleme gibt.

Wertschätzung und Würdigung

Jeder Mensch hat besondere Fähigkeiten und Qualitäten. Finden Sie diese heraus und bringen Sie sie in das Gespräch ein. Das vermittelt Wertschätzung und Würdigung.

Wenn Sie Menschen mit Unterstützungsbedarf fragen, was sie besonders gut können, werden sie die Frage häufig nicht beantworten können. Der Grund kann Bescheidenheit sein, bisher nicht entwickeltes Bewusstsein darüber, oder es kann daran liegen, dass ihre Fähigkeiten bisher nicht ausreichend gewürdigt wurden. Menschen aus dem sozialen Umfeld sehen Fähigkeiten bisweilen besser. Wenn diese selbst nicht an den Gesprächen teilnehmen, können Sie beispielsweise auch fragen: »Was würde Ihr Vater sagen, worauf er besonders stolz ist oder was Sie besonders gut können?«

Vermitteln Sie positive Verstärkung. Der Mensch mit Unterstützungsbedarf erfährt so emotionale Zuwendung und Wertschätzung. Denn das Verstärken von positiven Eigenschaften motiviert zu Veränderungen, das Kritisieren und die Konfrontation mit Defiziten wirkt kontraproduktiv.

Gefühle zulassen

Veränderung ist nur möglich, wenn Gefühle zugelassen und verändert werden. Gehen Sie deswegen auf emotionale Äußerungen und emotionales Verhalten ein. Beispielsweise wenn Sie sagen: »Ich habe das Gefühl, dass Ihnen das Gespräch über das Problem sehr naheging.« Oder: »Als wir über das Thema gesprochen haben, hatte ich den Eindruck, dass Sie das sehr berührt hat.«
Versuchen Sie die Gefühle der Beteiligten wahrzunehmen. Laden Sie dazu ein, Gefühle zuzulassen. Vermeiden Sie vorschnelle Erklärungen, Bewertungen oder gar Urteile. Bleiben Sie bei sich, nehmen Sie ihre eigenen Gefühle wahr. Atmen Sie tief durch, erlauben Sie sich und den anderen auch eine Zeit des Schweigens.

Gelassen sein

Bleiben Sie gelassen, auch wenn das Gespräch emotional geführt wird oder anstrengend ist. Gelassenheit meint nicht Gleichgültigkeit, sondern bewusst im Moment sein: Ruhe, Offenheit und Präsenz auszustrahlen.

Einverständnis einholen

Alles, was im Hilfeplanverfahren geschieht, sollte für den Menschen mit Unterstützungsbedarf transparent sein und (soweit das möglich ist) nur mit seinem Einverständnis geschehen. Fragen Sie deswegen, ob er einverstanden ist, dass über ihn geredet wird, und geben Sie ihm die Möglichkeit, das Gespräch jederzeit zu unterbrechen, wenn er mit dem Verlauf nicht einverstanden ist. Werden Themen intimer, fragen Sie von sich aus, ob er damit einverstanden ist. Weil direkte Ansprache auch mit Stress verbunden sein kann, kann es hilfreich sein, in seiner Anwesenheit in der dritten Person über ihn und seine Probleme zu sprechen.

Hypothesen aussprechen und zu Ergebnissen kommen

Trauen Sie sich, Ihre persönlichen Eindrücke und Ideen im Gespräch durchaus hypothetisch zu formulieren. Denken Sie laut, fassen Sie Wesentliches zusammen, fragen Sie, ob Sie alles richtig verstanden haben. Fragen Sie nach, ob Ihre Ideen und Hypothesen von den Beteiligten bestätigt werden.

Führen Sie das Gespräch zu einem Ergebnis. Formulieren Sie das mögliche Ergebnis als Vorschlag. Lassen Sie es sich von den Beteiligten bestätigen.

Empathie und Sympathie

Prüfen Sie, ob es Ihnen möglich ist, Empathie für den Menschen mit Unterstützungsbedarf zu entwickeln. Empathie zu haben bedeutet, dass es Ihnen möglich ist, sich in die Problemlage des Betroffenen einzufühlen und ihm das zu verstehen geben zu können. Bei der Vielschichtigkeit und der teilweise erlebten Dramatik und Tragödien der Menschen mit Unterstützungsbedarf mag das oft ein hoher Anspruch sein. Gelingt es Ihnen, trägt das zur Verbesserung der Beziehung bei. Der Betreffende fühlt sich verstanden.

Reflektieren Sie offen über sich selbst, welche Verhaltensweisen und Fähigkeiten des Menschen mit Unterstützungsbedarf Ihnen sympathisch sind und welche nicht. Mit Sympathie fallen der Kontakt, die Gestaltung der Hilfen und das Miteinander leichter. Die dadurch entwickelte Haltung motiviert den Betroffenen, mit Ihnen gemeinsam das, was zu tun ist, zu bewältigen. Sympathie richtet sich in der Regel an die Vorzüge der Personen, sie fördert und weckt die persönlichen Ressourcen.

Prüfen Sie, was der Grund Ihrer Antipathie sein könnte bzw. warum bestimmte Verhaltensweisen Ihnen unsympathisch sind. Mit wem hat es wie viel zu tun? Sind diese Hindernisse zu überwinden? Gegebenenfalls beraten Sie sich im Team bzw. nehmen Sie eine Supervision in Anspruch. Zwingen Sie sich nicht zur Freundlichkeit und sorgen Sie im Zweifelsfalle für eine andere personelle Lösung.

Humor

Humor ist ein Bestandteil unserer Kommunikation. Im humorvollen Einwurf liegt die Möglichkeit, eine Situation aufzubrechen oder gar zu deeskalieren. »Die Energie, die durch die humorvolle Aufhebung des seelischen Staus freigeworden ist, lachen wir gleichsam ab.« (OELSNER 2008) Und Sigmund Freud meinte, der Witz trage Hemmungen ab. Mit Humor steigt man nicht aus einer Situation aus, sondern eröffnet einen neuen Schauplatz. Das überrascht und lässt vielleicht auch etwas Abstand gewinnen.

Humor lässt uns eine Situation leichter aushalten. Das gilt selbstverständlich auch für Menschen mit Hilfebedarf und für Gespräche im Rahmen der Hilfeplanung. Humor sollte deswegen eine Grundhaltung sein und nicht mit Auslachen oder sich über Eigenheiten und Besonderheiten lustig machen verwechselt werden.

Authentizität bewahren

Die Art und Weise, wie Sie Gespräche führen, ist davon geprägt, ob und inwieweit die bisher genannten Aspekte mit der eigenen Haltung und Überzeugung übereinstimmen und vereinbar sind. Das ist mit Authentizität gemeint.

Man wirkt nicht dadurch authentisch, dass man beispielsweise bestimmte Gesprächstechniken beherrscht. Das kann hilfreich sein, aber solche Techniken sind nur Mittel zum Zweck. Authentizität wird deutlich, wenn die Art und Weise des persönlichen Ausdrucks im Fühlen, Sprechen und Handeln übereinstimmt, wenn die verwandten Techniken sozusagen »in Fleisch und Blut« übergegangen sind.

Zur eigenen Authentizität kann man beitragen, wenn man beispielsweise in angemessener und ehrlicher Weise Transparenz über die eigene Unsicherheit in schwierigen Gesprächen herstellt. Das muss nicht heißen, die Verantwortung abzugeben, kann aber die Chance eröffnen, damit etwas Positives zum Gesprächsverlauf beizutragen. Authentisch sein heißt, als Person erkennbar und einschätzbar zu sein, als derjenige, der professionelles Handeln gelernt hat und der auf seine persönliche und individuelle Lebenserfahrung zurückgreifen kann.

Kenntnis der eigenen Person

Wer Hilfe anbietet, eignet sich in besonderer Weise, ungelöste Probleme übertragen zu bekommen. Für Helfende ist es daher wichtig, sich bewusst zu sein, auf welche Beziehungsmuster oder emotionale Haltungen die Besonderheiten des Menschen mit Unterstützungsbedarf bei Ihnen selbst treffen können. Die eigene Kommunikations- und Kontaktfähigkeit bei der Begegnung steht im engen Zusammenhang damit und kann die eigene Psychohygiene beeinflussen. Insbesondere der Kontakt mit Menschen mit einer ausgeprägten Persönlichkeitsstörung kann belastend und herausfordernd sein.

Bilden Sie sich fachlich fort, reflektieren Sie die Beziehungsarbeit regelmäßig in Ihren Teams und sorgen Sie für Ihren persönlichen Ausgleich und Ihr privates Glück.

Risiken und Nebenwirkungen

Nicht immer sind alle Beteiligten bereit oder dazu in der Lage, ausreichend Zeit und Aufmerksamkeit für die Hilfeplangespräche aufzuwenden. Es kann zu unterschiedlichen Meinungen, Streit und Konflikten kommen. Die Gesprächsatmosphäre kann angespannt sein, und den Menschen mit Unterstützungsbedarf und andere Beteiligte emotional belasten. Erreicht man mit den Gesprächen, dass die Beteiligten sich öffnen und Bereitschaft entwickeln, auch über emotional belastende Dinge zu sprechen, kann das ihre Verletzbarkeit und Kränkbarkeit erhöhen.

Eine praktizierte Grundhaltung in Gesprächen, authentisch und mit Selbstwahrnehmung geführt, kann »therapeutisch« wirken und den Hilfeplanprozess fördern.

Methodische Prinzipien

Die Qualität der Hilfeplanung ist abhängig von der beschriebenen Grundhaltung und folgt methodischen Prinzipien, die in der Folge beschrieben werden.

Legen Sie fest, wer die Federführung hat

Für den Menschen mit Unterstützungsbedarf und seine Angehörigen ist es wichtig zu wissen, wer für ihn »zuständig« ist. Durch wen auch immer die Hilfeplanung initiiert wurde: Es sollte eine Person die Federführung übernehmen und eine kontinuierliche Begleitung gewährleisten (Case-Management, Bezugsbetreuung, Person des Vertrauens etc.). Sie ist für den Menschen mit Unterstützungsbedarf zuständig und trägt die Verantwortung für den Hilfeplan und den Hilfeprozess, ist sein Interessenvertreter und sorgt für die Koordination der Hilfen. Sollten die Aufgaben auf mehrere verteilt sein, ist ein intensiver und regelmäßiger Austausch notwendig.

→ Beispiel   Anfangs kümmert sich niemand um Frau Benn. Als ihre Probleme größer und offensichtlich werden, wird das Ordnungsamt der Stadt auf sie aufmerksam. In der Folge wird Herr Gerken als gesetzlicher Betreuer berufen. Das geschieht gegen ihren Willen.

Herr Gerken stellt sehr schnell fest, dass umfangreiche Hilfen notwendig sind. Weil Frau Benn Störungen und Beeinträchtigungen ganz unterschiedlicher Art aufweist, ist unklar, welcher Hilfeanbieter für sie zuständig ist. Er wendet sich an den Sozialpsychiatrischen Dienst der Stadt und stellt Frau Benn in der Hilfeplankonferenz vor. Herr Schneider vom Sozialpsychiatrischen Zentrum übernimmt die Federführung zur Ermittlung der Hilfen (Case-Management), veranlasst, organisiert und moderiert die Hilfeplangespräche. Im weiteren Verlauf wird Frau Galbo Frau Benns Bezugsbetreuerin. Sie übernimmt die Federführung für die weitere Hilfeplanung, die Koordination und Abstimmung der Hilfen. Herr Gerken übernimmt nur noch Aufgaben der gesetzlichen Betreuung. ×

Risiken und Nebenwirkungen

Je mehr Menschen an der Hilfeplanung beteiligt sind, umso größer wird der Abstimmungsbedarf. Die Frage, wer für was zuständig ist und die Federführung übernimmt, kann aufreibende Diskussionen auslösen.

Der Mensch mit Unterstützungsbedarf braucht Klarheit: Je eindeutiger und transparenter die Aufgaben und Zuständigkeiten formuliert und verteilt sind, umso erfolgreicher kann die Unterstützung gestaltet werden.

Hilfeplanung geht nicht ohne die Beteiligung des Menschen mit Unterstützungsbedarf

Die Beteiligung des Menschen mit Unterstützungsbedarf ist Pflicht, ganz gleich, welche Behinderungen, Störungen, Beeinträchtigungen oder Erkrankungen ihn an der Teilhabe in der Gesellschaft hindern. Er ist die wichtigste Person. Das auch, wenn sein Unterstützungsbedarf groß und komplex ist, und es ihm vielleicht an Fähigkeiten mangelt, Gesprächsrunden »aushalten« zu können. Auch hier gilt, dass sich die helfenden Personen seiner Eigenart, Eigenzeit und den Fähigkeiten seiner Kommunikation anpassen müssen und nicht umgekehrt. Manchmal hilft es und trägt zum Gelingen bei, wenn man ihn über das anstehende Hilfeplangespräch in einer ihm verständlichen Form informiert.

Das Arbeitsmaterial 1 soll diesem Zwecke dienen. Es ist eine Einladung zum Hilfeplangespräch, die so verfasst ist, dass es Menschen mit kognitiven Einschränkungen erleichtert wird, Sinn und Zweck von Hilfeplangesprächen verstehen zu können. Es setzt an deren individuellen kommunikativen Fähigkeiten an. Die Idee, die sich darin manifestiert, ist übertragbar und kann angepasst und verändert werden.

 Risiken und Nebenwirkungen
Die Beteiligung des Menschen mit komplexen Unterstützungsbedarf oder Menschen, die als schwierig empfunden werden, an einem Hilfeplangespräch kann herausfordernd sein.

Die Beteiligung des Menschen mit Unterstützungsbedarf ist eine unverzichtbare Voraussetzung. Die Helfenden müssen sich an seinen individuellen kommunikativen Fähigkeiten orientieren und Methoden entwickeln, wie seine Beteiligung ermöglicht werden kann.

Beteiligen Sie alle wichtigen Personen

Jeder Mensch lebt in einem sozialen Gefüge und in der frühzeitigen Beteiligung der Personen, die für den Menschen mit Unterstützungsbedarf Bedeutung haben, liegen wichtige Chancen. Angehörige oder Freunde wissen viel und verfügen über reichhaltige Erfahrungen: Welche besonderen Talente und Fähigkeiten hat der Betreffende? Was lief bisher gut und sollte erhalten bleiben? Was hat in der Vergangenheit geholfen, die Probleme zu lösen oder zu mindern?
Gerade weil der Mensch mit Unterstützungsbedarf im Mittelpunkt der Hilfeplanung steht, können ihm nahestehende Personen seine Probleme und Fähigkeiten und seinen Hilfebedarf manchmal besser benennen.
Es ist nicht einfach, über persönliche Dinge und Probleme Auskunft zu geben. Es macht unsicher, nicht zu wissen, wie das aufgenommen und bewertet wird. Deswegen kann es hilfreich sein, vertraute Personen an seiner Seite zu haben, auch wenn sich die Meinungen und Sichtweisen unterscheiden. Der Austausch über unterschiedliche Wahrnehmungen von Problemen und Fähigkeiten und ihre Bewertung ist daher wesentlicher Bestandteil der Hilfeplanung.
Voraussetzung ist, dass der Mensch mit Unterstützungsbedarf damit einverstanden ist, dass seine vertrauten oder andere wichtige Personen beteiligt werden. Möchte er dies nicht, ist das zu respektieren. Gibt es fachlich begründete Notwendigkeiten, sie trotzdem zu beteiligen, muss das gut begründet werden.

TIPP

Wenn wichtige Menschen aus dem Umfeld nicht beteiligt werden können, kann es hilfreich sein, mit »leeren Stühlen als Platzhalter« und der Methode des zirkulären Fragens zu arbeiten. Ein Beispiel: »Wenn Ihre beste Freundin hier wäre (mit Hinweis auf den leeren Stuhl), was würde sie dazu sagen?«

→ Beispiel Das erste Hilfeplangespräch mit Frau Adam findet in der psychiatrischen Klinik statt. Sie befindet sich dort schon mehrere Monate. Ihre Depression machte es ihr unmöglich, kurz- oder mittelfristig selbstständig wohnen zu können. Am Gespräch beteiligen sich die Stationsärztin, die Pflegerin, die sie während des Klinikaufenthalts hauptsächlich betreut hat, die beiden Kinder von Frau Adam und Herr Schneider vom Sozialpsychiatrischen Zentrum. Die Versuche, von Frau Adam in Erfahrung zu bringen, was ihre Wünsche und Ziele sind, scheitern. Frau Adam antwortet stereotyp auf alle Fragen: »Ich kann nicht mehr, ich bin zu schwach.«

Die folgenden Gespräche werden dennoch in ihrer Anwesenheit geführt. Ihre Kinder und die Pflegerin antworten stellvertretend für sie. Herr Schneider, der die Gespräche moderiert, achtet dabei auf die Reaktionen von Frau Adam, ob sie beispielsweise zustimmend oder eher ablehnend zu deuten sind. Frau Adam wird in den Wohnbereich des Trägers aufgenommen. Sie bekommt ein Zimmer in einer Dreizimmerwohnung, die sie sich mit einer anderen Frau teilt. Die Wohnung ist Teil einer Hausgemeinschaft mit drei Wohnungen im Rahmen eines Wohnheimstatus. Die Hilfeplangespräche werden auf Vorschlag der Kinder von Frau Adam alle zwei Monate fortgesetzt. Der Zustand von Frau Adam bessert sich nur langsam. Oft nutzen die Beteiligten die Gespräche, um sich im Beisein von Frau Adam offen über ihre Erfahrungen und den Umgang mit der Depression auszutauschen. ✕

Risiken und Nebenwirkungen

Beraten Mitarbeitende der Einrichtungen und Dienste gemeinsam mit Angehörigen oder fachfremden Personen, können auch Konflikte auftreten: Die Interessen und Sichtweisen können unterschiedlich sein, es kann Konkurrenz aufkommen oder gegenseitige Schuldzuweisung sind möglich.

An der Hilfeplanung sollten alle relevanten Personen beteiligt werden. Das Einvernehmen und Einverständnis des Menschen mit Unterstützungsbedarf sind Voraussetzungen.

Sorgen Sie für eine gute Gesprächsführung

Hilfeplanung besteht aus Gesprächen. Menschen mit Unterstützungsbedarf benötigen oft mehr Zeit oder häufigere Versuche, daran teilnehmen zu können. Der Erfolg der Gespräche ist davon abhängig, dass auf ihre Besonderheiten Rücksicht genommen wird. Deswegen müssen die für das Gespräch Verantwortlichen darauf achten, dass dafür ausreichend Zeit ist. Der Zeitrahmen sollte mit allen Beteiligten abgestimmt werden, und es sollte dafür gesorgt werden, dass man nicht gestört wird. Auch die Aufgaben müssen eindeutig verteilt sein, zum Beispiel: Wer führt das Gespräch? Wer protokolliert Verlauf und Ergebnisse?

Für Menschen mit kognitiver Einschränkung können Rituale hilfreich sein, beispielsweise Gespräche in immer gleichen Konstellationen und Räumen.

→ Beispiel   Die Hilfeplangespräche mit Frau Benn finden ritualisiert mit Beteiligung aller wichtigen Personen kurz vor Ablauf der bewilligten Hilfen statt. Neben Frau Benn und Frau Galbo sind ihr gesetzlicher Betreuer, Herr Gerken, und der Leiter des Dienstes, Herr Schneider, beteiligt. Das Gespräch findet im Büro von Herrn Schneider statt. Die Beteiligten haben sich auf eine Stunde für das Gespräch eingestellt. Herr Schneider moderiert es und Herr Gerken notiert den Verlauf und die wichtigsten Ergebnisse.

Frau Benn genießt die Aufmerksamkeit, die ihr entgegengebracht wird, auch wenn es um Probleme geht. In der Regel spricht Frau Galbo die wichtigen Themen in Abstimmung mit Frau Benn an und fragt sie zwischendurch, ob sie alles verstanden hat und ob ihre Angaben richtig sind. Herr Schneider hat während des Gesprächs Frau Benn gefragt, ob sie damit einverstanden ist, dass die Anwesenden auch in der dritten Person über sie sprechen dürfen, wenn sie die Erlaubnis hat, jederzeit unterbrechen zu dürfen. Frau Benn war einverstanden und hört aufmerksam zu. ✖

Risiken und Nebenwirkungen

Die Erwartungen, Überzeugungen und Sichtweisen der Beteiligten können unterschiedlich sein. Für die Menschen mit Unterstützungsbedarf stellen derartige Gespräche oft eine große Hürde dar. Sie erleben sie als emotional belastend.

Qualität und Ergebnis der Hilfeplanung ist davon abhängig, mit welcher Grundhaltung die Gespräche geführt werden.

Vorstellung der Arbeitsmaterialien

> **TIPP**
> Weisen Sie den Menschen mit Unterstützungsbedarf vor den Gesprächen darauf hin, dass Sie Arbeitsmaterialien verwenden. Sie sollten deutlich machen, dass er alle Dokumente und seinen Hilfeplan jederzeit einsehen kann.

Die Arbeitsmaterialien sind von zentraler Bedeutung. Sie werden im Folgenden vorgestellt und stehen zum Download auf der Internetseite zum Buch zur Verfügung: www.balance-verlag.de/buecher/detail/book-detail/individuelle-hilfeplanung-in-der-praxis-2.html. Zu jedem Arbeitsmaterial finden Sie eine ausführlichere Beschreibung und Sie erfahren, wie es sinnvoll verwendet werden kann. Die Reihenfolge folgt der Chronologie der empfohlenen Anwendung. Sie haben bei der Hilfeplanung einen unterschiedlichen Umfang und Stellenwert.

- Die Arbeitsmaterialien 1 bis 16 dienen zur Unterstützung der Hilfeplanung und sollen zu einer besseren Qualität beitragen.
- Die Arbeitsmaterialien 17 bis 22 vermitteln Orientierungshilfen zu einer Einschätzung des Hilfeplanprozesses.
- Die Arbeitsmaterialien 23 und 24 sind Musterhilfepläne in der Fassung des Landschaftsverbandes Rheinland (LVR).

> **TIPP**
> Während des Gesprächs ist es hilfreich, den Menschen mit kognitiven Einschränkungen immer wieder einfühlsam und behutsam zu fragen und ihn möglicherweise wiederholen zu lassen, was er verstanden hat.

Die Arbeitsmaterialien sind Anregungen, nicht mehr, aber auch nicht weniger. Die Gespräche anhand der Materialien sind zeitaufwendig und fordern Aufmerksamkeit und Präsenz aller Beteiligten. Nicht alle Menschen mit Unterstützungsbedarf werden aufgrund ihrer Störungen und Beeinträchtigungen alle Fragen während eines Gespräches beantworten können. Es kann deswegen notwendig sein, die Hilfeplangespräche in mehreren Abschnitten durchzuführen. Beachten Sie bitte die Hinweise im Kapitel »Wie setze ich individuelle Hilfeplanung methodisch und praktisch um?«. Das verhilft den Gesprächen zu mehr Qualität und Effektivität. Denn Zeit und Druck führen zu Stress und beeinträchtigen die Wahrnehmung.

Arbeitsmaterial 1: Einladung zum Hilfeplangespräch in Leichter Sprache

Das Hilfeplangespräch hat eine herausragende Bedeutung und die Beteiligung des Menschen, der Unterstützung benötigt, ist ein wesentliches Grundprinzip. Er muss die Möglichkeit bekommen, die Bedeutung nachvollziehen zu können und gut vorbereitet zu sein. Die Einladung in Leichter Sprache soll dazu verhelfen. Sie ist eine Anregung und sollte individuell angepasst werden.

ABBILDUNG 6 Auszug aus Arbeitsmaterial 1

LVR HPH-NETZ OST
Heilpädagogische Hilfen

Herr 08.06.2013
Stefan Wiebert
Friedensstr. 7d
51399 Burscheid

Sehr geehrter Herr Wiebert,

Der Staat bekommt von allen Menschen in Deutschland Geld. Davon bezahlt der Staat die Assistenten, die Ihnen beim selbständigen Leben helfen.	
Der Staat bezahlt die Hilfen weiter, wenn Sie aufschreiben welche Hilfen Sie brauchen.	

1 © BALANCE buch + medien verlag Arbeitsblätter: Individuelle Hilfeplanung in der Praxis

Wie setze ich individuelle Hilfeplanung um?

Dafür müssen Sie einen neuen Hilfe-Plan schreiben. Dabei bekommen Sie Hilfe.	
Im Hilfe-Plan steht was Sie können.	
Im Hilfe-Plan steht wobei Sie Hilfe brauchen.	

Arbeitsmaterial 2, 3 und 4: Leitfäden für Hilfeplangespräche

Die Leitfäden beinhalten Fragen, die Schritt für Schritt durch das Hilfeplangespräch führen. Ihre Reihenfolge orientiert sich an den fachlich gebotenen methodischen Schritten personenbezogener Hilfeplanung (dem Ausrichten auf die Wünsche und Ziele, dem Abfragen der Ressourcen vor der Problemanalyse etc.). Die Leitfäden dienen der Orientierung, Anregung und Strukturierung und beinhalten Fragen zu allen Lebensbereichen und wichtigen Themen. Sie sind zwar für die ersten Hilfeplangespräche konzipiert, die Methode und die Fragen lassen sich aber einfach bei den folgenden Hilfeplangesprächen aufgreifen.

Der erste Leitfaden (Arbeitsmaterial 2) greift unkommentiert viele wichtige Fragen der Hilfeplanung auf. Er eignet sich für alle Hilfeplangespräche, unabhängig davon, welche Version in welcher Region genutzt wird.

Der zweite Leitfaden (Arbeitsmaterial 3) orientiert sich am IHP 3 des LVR. Er wurde – wie der IHP 3 – in Leichter Sprache verfasst und fragt nach Fähigkeiten, Förderfaktoren und Barrieren zum Leben in der Gesellschaft. Die umfangreichen Fragen sollen auch kleinste Fähigkeiten benennbar machen.

Für Menschen mit kognitiven Einschränkungen, die in einem Wohnheim leben, ist es in vielen Regionen nach wie vor Pflicht, notwendige Unterstützungsleistungen nach dem Metzler-Bogen zu beschreiben. Der dritte Leitfaden (Arbeitsmaterial 4) gleicht dem vorherigen Gesprächsleitfaden in Leichter Sprache. Zusätzlich wurden den einzelnen ICF-Kategorien die Metzler-Items zugeordnet. Der Gesprächsleitfaden dient der Gesprächsführung mit Menschen, die in stationären Einrichtungen wohnen.

Risiken und Nebenwirkungen

Mit der Auswahl der Fragen und ihrer Reihenfolge in den Arbeitsmaterialien besteht die Gefahr, die eigene Kreativität bei der Gesprächsführung zu vernachlässigen. Zudem besteht das Risiko, dass die betreffende Person auf die detaillierten Fragen ausschließlich mit »Ja« oder »Nein« antwortet. In diesem Fall kann es hilfreich sein, ein Thema nur mit einem Stichwort zu beginnen und die Antworten bzw. Reaktionen abzuwarten. Seien Sie im Gespräch also flexibel und stellen Sie sich auf die Individualität des Menschen mit Unterstützungsbedarf ein.

Arbeitsmaterialien sind Anregungen, nicht mehr und nicht weniger. Wichtiger sind: Die Einhaltung der methodischen Schritte unter vorrangiger Beachtung des persönlichen Kontakts, die Grundhaltung in den Gesprächen, die Tragfähigkeit der Beziehungen, die eigenen Erfahrungen und die fachlichen Kreativität.

Arbeitsmaterial 5 bis 13: Checklisten in Anlehnung an die ICF

TIPP
Zum besseren Verständnis und zur Überprüfung des ICF-Hintergrunds ist es hilfreich, vor der praktischen Nutzung der Checklisten das Kapitel »Hilfeplanung und ICF« in diesem Buch zu lesen.

Die Planung der Hilfen bezieht sich in der Regel auf fünf Lebensbereiche (Wohnen, Arbeit, Beziehungen, Freizeit und Weiteres, z.B. Gesundheit). Zu den jeweiligen Lebensbereichen gibt es umfangreiche Unterthemen, die für das Planen der Hilfen berücksichtigt werden müssen. Sie sind dem Datensatz der ICF entnommen. Da Hilfeplanung oft einem »Puzzle der Methoden und Materialien« ähnelt, ist es hilfreich, sich an den Lebensbereichen zu orientieren (Arbeitsmaterial 5 bis 9). Sie sind eine Konstante im Hilfeplanprozess.

Die Arbeitsmaterialien 10 bis 13 sind Checklisten, in denen die Empfehlungen der ICF (Schweregrad der Probleme, Einfluss der Umwelt- und personenbezogenen Faktoren) auf die Lebensbereiche einzuschätzen sind. Die Checklisten sind wie folgt gegliedert:

- Arbeitsmaterial 5: Wohnen (ICF: Selbstversorgung, häusliches und wirtschaftliches Leben)
- Arbeitsmaterial 6: Lernen, Beschäftigung, Arbeit, Ausbildung und Schule (ICF: Lernen und Wissensanwendung, bedeutende Lebensbereiche)
- Arbeitsmaterial 7: Soziale Beziehungen (ICF: Kommunikation, interpersonelle Interaktion und Beziehungen)
- Arbeitsmaterial 8: Freizeit und Kultur (ICF: Gemeinschafts-, soziales und staatsbürgerliches Leben, Teilhabe)
- Arbeitsmaterial 9: Gesundheit (ICF: Sinnliche Wahrnehmung, mentale Funktionen, Mobilität)
- Arbeitsmaterial 10: Skala zur Einschätzung der Leistungsfähigkeit und zum Schweregrad der Probleme
- Arbeitsmaterial 11: Umweltfaktoren nach ICF (Produkte und Technologien, natürliche und vom Menschen veränderte Umwelt, Unterstützung und Beziehungen, Einstellungen, Dienste, Systeme und Handlungsgrundsätze)
- Arbeitsmaterial 12: Personenbezogene Faktoren (Alter, genetische Faktoren, Physis, Psyche, Biografie, Soziodemografie)
- Arbeitsmaterial 13: Skala zur Einschätzung der Umweltfaktoren als Förderfaktor oder Barriere nach ICF

→ **Beispiel** Für Thomas Richter ist der Hilfebedarf einfach zu ermitteln. Er hat ihn selbst formuliert und eine relativ genaue Einschätzung seiner Leistungsfähigkeit wiedergeben können. Er kann eindeutig sagen, was er ohne Probleme machen kann, wobei er Probleme hat, aber keine Hilfe, und in welchen Bereichen er Unterstützung benötigt.

Seine Betreuerin, Frau Berger, spricht aber auch mit seiner Mutter und seinem Gruppenleiter in der Werkstatt für behinderte Menschen über Themen anhand der Checklisten zu den einzelnen Lebensbereichen. Sie stellen fest, dass Herr Richter Anleitung und Aufforderung bei vielen hauswirtschaftlichen Dingen benötigt, die er von sich aus nicht erwähnt. Es wird empfohlen, ihn zur Durchführung einiger Aufgaben aufzufordern. Das betrifft insbesondere die tägliche Körperpflege. Er braucht zudem Unterstützung beim Umgang mit Geld und Behörden.

Im Falle von Herrn Richter kann der Hilfebedarf nach und nach in der Reihenfolge der Lebensbereiche ermittelt werden, weil es ihm leichtfällt, dem Gespräch für längere Zeit zu folgen. Alle Lebensbereiche werden angesprochen und sein Hilfebedarf benannt. Weil er seine Fähigkeiten überschätzt, ist er nicht mit allen Maßnahmen einverstanden, beispielsweise damit, dass seine Mutter meint, er müsse sich täglich rasieren. Darüber wurde er zornig. Schließlich einigte man sich darauf, dass auch ein Dreitagebart zu akzeptieren ist. ×

Risiken und Nebenwirkungen

Gespräche folgen ihrer eigenen Dynamik und der Versuch, Checklisten abzuhaken, kann einen Gesprächsfluss be- oder verhindern. Nutzt man die Checklisten vollständig, kann das den Menschen mit Unterstützungsbedarf durch die Fülle verschrecken oder überfordern sowie Hilfeanbieter zu »Rundum-Versorgungspaketen« verleiten. Die Arbeitsmaterialien können auch als Textbausteine verwendet werden und dazu verleiten, die individuelle Beschreibung zu vernachlässigen.

Checklisten sind gegenüber Gesprächen und einer guten Gesprächsatmosphäre zweitrangig. Die individuelle Charakterisierung der Persönlichkeit des Menschen mit Hilfebedarf hat immer Vorrang. Die Arbeitsmaterialien werden nur dann sinnvoll eingesetzt, wenn dies nicht formal und ungeprüft, sondern individuell und kreativ erfolgt. Ihre Funktion ist Orientierung, Anregung und an möglichst viele relevante Aspekte zu denken. Textbausteine werden diesen Ansprüchen nicht gerecht.

Arbeitsmaterial 14: Therapeutisches Milieu

Die Erfahrung zeigt: Milieus wirken. Sie sind Umweltfaktoren, beispielsweise der hohe Geräuschpegel in einer Großstadt oder der Arbeitsdruck im Betrieb. Milieueinflüsse werden eher gefühlt und gespürt und als gegeben hingenommen. Man spürt manchmal intuitiv, dass das Milieu und seine Atmosphäre nicht hilfreich sind. Es fällt vielen jedoch schwer, einen Zusammenhang zwischen Symptomen und dem Lebensmilieu herzustellen. Dieses Arbeitsmaterial kann Hinweise darauf geben, ob das Milieu günstigen oder ungünstigen Einfluss ausübt.

Die Arbeitshilfe Therapeutisches Milieu dient der Diagnostik des Milieus, bzw. des Lebensumfelds. Mit ihr kann ermittelt werden, welchen Einfluss Umgebung, Wohn- und Lebensatmosphäre sowie das soziale Gefüge auf Probleme und Krisen haben. Sie ist eine wesentliche Ergänzung zum besseren Verstehen der Auswirkungen der Umweltfaktoren der ICF (ICF: Förderfaktoren versus Barrieren). Sie eignet sich auch zur Verwendung in Team- und bei Fallbesprechungen.

Diese Arbeitshilfe entstammt dem Buch »Affektlogik« von Luc CIOMPI (1998) und wurde den spezifischen Zielsetzungen der Hilfeplanung angepasst. Zu berücksichtigen ist, dass sie im Hinblick auf das Verstehen von psychischen Beeinträchtigungen erstellt wurde. Ihr Nutzen reicht aber darüber hinaus.

Ein Vorschlag zur Verwendung des Arbeitsmaterials: In der ersten Spalte sind Symptome einer psychischen Beeinträchtigung genannt. Nachdem Sie den Menschen mit Hilfebedarf kennengelernt haben, versuchen Sie einzuschätzen, welche auf ihn zutreffen könnten. Das können Sie alleine, mit den an der Hilfeplanung beteiligten Personen oder mithilfe Ihres Teams durchführen. Sie können diese mit den in der zweiten Spalte genannten Milieueinflüssen vergleichen. Leidet der Mensch beispielsweise unter Angstzuständen, Spannung oder Erregung, kann überprüft werden, ob seine Lebenssituation durch zu viele Reize geprägt ist. In der dritten Spalte sind Hinweise darauf zu finden, was sich auf die Symptome günstig auswirken kann. Bei dem Beispiel Angstzustände sind das Entspannung, Ruhe, Sicherheit, Gelassenheit und eine Reduzierung von Reizen.

→ **Beispiel** Durch seine kognitive Einschränkung ist es Thomas Richter nur schwer möglich, sein Verhalten zu reflektieren. Er kann zwar sagen »Wenn mich auf der Arbeit einer stört, werd ich erzzörnig«. Warum und aus welchem Anlass er zornig wird, ist ihm in der Regel nicht bewusst. Sein Vorarbeiter in der Werkstatt für behinderte Menschen erläutert im Hilfeplangespräch, dass er leicht reizbar ist, was manchmal zu heftigen verbalen Auseinandersetzungen mit seinen Arbeitskollegen führt. Seine Kollegen berichten, dass auch seine ausgeprägte Fantasie zu Problemen führen kann. Seine Mutter meint, dass man ihn gut kennen muss, um bei ihm zwischen Wahrheit und Fantasie unterscheiden zu können.

Seine Betreuerin nutzt das Arbeitsmaterial zum Milieu, um zu ermitteln, welche Einflüsse und welche fachliche Haltung einen günstigen Einfluss auf ihn ausüben können. Sie leitet daraus ab, dass ihm Vertrauen entgegengebracht werden muss und es hilfreich ist, über seine Wahrnehmungen, Gedanken und Gefühle eine wertschätzende Rückmeldung zu bekommen. Außerdem benötigt er Eindeutigkeit im Hinblick auf Ge- und Verbote und er muss genau wissen, welche Erwartungen an ihn gestellt werden. Die Einhaltung dieser Hinweise führte dazu, seine Neigung zur »Erzürnung« zu reduzieren.

Arbeitsmaterial 15: Krisenfragebogen

Krisen sind im Leben von entscheidender Bedeutung. Sie bedeuten einen erheblichen Einschnitt und führen nicht selten dazu, dass sich stabil geglaubte Lebensumstände schlagartig verändern. Sie können daher auch den Hilfeplanprozess erheblich beeinflussen. Kenntnisse und Verabredungen zum Umgang mit Krisen haben daher für die Gestaltung von Hilfen eine hohe Relevanz, auch wenn in den Hilfeplänen nicht explizit Fragen dazu gestellt werden.

Die Verwendung des Krisenbogens wird daher empfohlen. Dabei gilt zu beachten, dass es dem Menschen schwerfallen kann, im Rahmen eines Hilfeplangesprächs über Krisen zu sprechen. Es kann negative Gefühle auslösen, wenn man zu viel von sich preisgeben muss, es kann schmerzlich und peinlich sein und Ängste vor Konsequenzen auslösen. Entscheiden Sie nach fachlichem Ermessen und in kollegialer Beratung, wann und wie es angemessen ist, Krisen und den Umgang damit anzusprechen.

In Hilfepläne sind keine Angaben zu Krisen vorgesehen. Diese Informationen müssen deswegen dort zugeordnet werden, wo sie passen. Im Musterhilfeplan von Frau Benn finden Sie die Angaben unter Punkt VII »Was weiter wichtig ist und bisherige Erfahrungen«.

Arbeitsmaterial 16: Fragen zur persönlichen Geschichte

Die individuelle Hilfeplanung richtet sich methodisch zunächst auf die Hilfen in Gegenwart und Zukunft. Fragen und Angaben zur Vergangenheit werden deswegen bewusst vernachlässigt. Sind die ersten Schritte unternommen und deutet sich eine verlässliche Betreuungsbeziehung an, gehören Fragen zur Vergangenheit (Anamnese) in die regelmäßigen Hilfeplangespräche. Der Fragenkatalog in diesem Arbeitsmaterial dient der Ermittlung anamnestischer Angaben. Dabei geht es vorrangig um das persönliche Erleben und die bisherigen Erfahrungen. Die Erfahrungen zu den bereits in Anspruch genommenen Hilfen sind für die Hilfeplanung besonders relevant.

Das Ziel des Erfassens anamnestischer Daten ist es, aus Erfahrungen für die Zukunft zu lernen und mögliche Anzeichen von Veränderungen und Krisen besprechen zu können. Der Fragebogen zur persönlichen Geschichte ist umfangreich und nicht alle Fragen müssen sofort bearbeitet werden. Sie können dafür einen gesonderten Termin wählen oder den Bogen als Fragenpool verwenden: Wann immer Sie im Hilfeplanverfahren Kontakt haben, können Sie die Fragen als Anregungen nutzen. Die Antworten sollten den Lebensbereichen des Hilfeplans zugeordnet werden.

Einige Hilfepläne verwenden Bausteine zur Erfassung der anamnestischen Daten. Diese werden dann auch so benannt.

Arbeitsmaterial 17: Begleitbogen zur erstmaligen Vorstellung eines Hilfeplans in der Hilfeplankonferenz

Der Begleitbogen soll den Teilnehmern der Hilfeplankonferenzen eine Struktur anbieten, damit nach der Vorstellung des Hilfeplans Zeit bleibt, um Fragen beantworten zu können. Er ist vorrangig für diejenigen konzipiert, die den Hilfeplan vorstellen. Er kann eine Orientierung geben und Sicherheit bei der Präsentation vermitteln. Damit kann auch nachgewiesen werden, dass die Hilfeplanung im Sinne einer personenzentrierten Methodik erfolgt ist.

Weil jede Hilfeplankonferenz anders zusammengesetzt ist und unterschiedlich arbeitet, sind mit der Verwendung des Bogens nicht alle Fragen beantwortet. Deswegen sollte man sich vorher über Verfahrensweisen, Regeln und Besonderheiten der Hilfeplankonferenz informieren.

Arbeitsmaterial 18: Fragen zur Zufriedenheit

Soziale Dienste bieten Dienstleistungen an, die zur Zufriedenheit der Kunden durchgeführt werden sollten. Der Fragebogen beinhaltet Fragen dazu. Er verfolgt das Ziel, die Qualität der Hilfen zu erfragen und ggf. zu verbessern und den Hilfeplan fortschreiben zu können. Sinnvoll ist es, den Menschen mit Unterstützungsbedarf selbst zu befragen. Ist das nicht möglich, können die ihm nahestehenden Menschen stellvertretend Antwort geben.
Es gibt mehrere Möglichkeiten, den Fragebogen zu verwenden. Sie können einen gesonderten Termin dafür wählen, zu dem Sie beispielsweise Angehörige einladen, oder Sie nutzen den Fragebogen als eine Art »Steinbruch«: Wann immer Sie mit dem Menschen mit Hilfebedarf in Kontakt treten, nehmen Sie die Fragen als Anregungen für das gemeinsame Gespräch.

Arbeitsmaterial 19: Begleitbogen zur Fortschreibung eines Hilfeplans in der Hilfeplankonferenz

Der Begleitbogen zur Fortschreibung (Arbeitsmaterial 19) verfolgt denselben Zweck wie das Arbeitsmaterial 6: Er soll den Teilnehmern der Hilfeplankonferenzen eine Struktur für die Berichterstattung anbieten und denjenigen, die den Hilfeplan vorstellen, Orientierung und Sicherheit bei der Präsentation vermitteln. Bei der Fortschreibung eines Hilfeplans konzentriert man sich darauf, welche Ziele aus welchen Gründen erreicht wurden und welche nicht.

Arbeitsmaterial 20: Orientierungshilfe zur Hilfeplanung – Handreichung für Menschen mit Unterstützungsbedarf

Das Arbeitsmaterial richtet sich an den Menschen mit Unterstützungsbedarf. Die Fragen sollen Klarheit darüber verschaffen, ob, wann und wie die Hilfen sinnvoll waren bzw. sind. Sie sollen Kriterien vermitteln, mit denen beurteilt werden kann, ob die Hilfeplanung der personenzentrierten Methode folgt. Weil die Menge der Fragen erschrecken kann, sollten Unterstützung und Erklärungen angeboten werden.

Arbeitsmaterial 21: Orientierungshilfe zur Hilfeplanung – Handreichung für Angehörige

Angehörigen Kriterien an die Hand zu geben, um Hilfeplanung aus ihrer Perspektive beurteilen zu können, ist die Zielsetzung dieses Arbeitsmaterials. Es ist die Aufgabe der Mitarbeiter der Einrichtungen und Dienste, ihnen eine solche Orientierungshilfe zur Verfügung zu stellen. Falls die vielen Fragen verschrecken, bieten Sie Unterstützung und Erklärungen an.

Arbeitsmaterial 22: Orientierungshilfe zur Hilfeplanung – Handreichung für Moderatoren von Hilfeplankonferenzen

Obwohl jede Hilfeplankonferenz anders zusammengesetzt ist und sich ihre Arbeitsweisen unterscheiden, haben sie doch alle die gleiche Aufgabe: die Prüfung der Qualität und Plausibilität der Hilfepläne. Der Fragenkatalog richtet sich zwar in erster Linie an die Moderatoren, aber alle an einer Hilfeplankonferenz Beteiligten sind eingeladen, die Fragen zu berücksichtigen und damit die Qualität der Hilfeplanung zu überprüfen.

Arbeitsmaterial 23 und 24: Musterhilfeplan für Frau Benn und Herrn Wiebert

Der Hilfeplan des Landschaftsverbandes Rheinland (LVR) ist einer von vielen. Das Besondere dieses Hilfeplans ist es, dass er auf die Internationale Klassifikation der Funktionsfähigkeit, Behinderung und Gesundheit (ICF) Bezug nimmt, ihre wesentlichen Bestandteile berücksichtigt und voraussetzt.

TIPP
Der Landschaftsverband Rheinland (LVR) stellt auf seiner Internetseite Material zum Hilfeplanverfahren zur Verfügung, insbesondere ein umfangreiches Handbuch, das für das Verständnis hilfreich ist (www.lvr.de/soziales/wohnen_behinderung/hilfeplanung).

Für die Antworten sind die Zeichenzahl und damit der Umfang der Antworten im Hilfeplan begrenzt. Das erfordert eine Fokussierung auf das Notwendige, kann aber auch zu Problemen führen, weil nicht alle Aspekte ausreichend dargelegt werden können.

Die Musterhilfepläne für Frau Benn und Herrn Wiebert sind Beispiele und erfüllen im Sinne der »Erfinder« und der Personenzentrierung allgemeine Anforderungen an einen Hilfeplan. Für Dienste und Einrichtungen und ihre Mitarbeiter im Einzugsgebiet des LVR können sie der Orientierung dienen. Allen anderen können sie dabei helfen, die grundlegende Struktur und den Aufbau von Hilfeplänen besser zu verstehen. Sie sind außerdem Beispiele dafür, wie die ICF in die Hilfeplanung Eingang finden kann.

Methodische Schritte zur Durchführung von Hilfeplangesprächen

Die Methodik der Hilfeplanung erschließt sich nicht aus dem Formular. Der Gesprächsleitfaden (Arbeitsmaterial 2 bis 4) ist aus der Praxis entstanden und bietet Struktur und Orientierung bei Hilfeplangesprächen. Lassen Sie sich über die Arbeitsmaterialien leiten. In den Arbeitsmaterialien werden die bisher beschriebenen Grundsätze und methodischen Schritte der Hilfeplanung berücksichtigt. Von besonderer Bedeutung sind die Fragen und ihre Reihenfolge, die im Folgenden erläutert werden.

> **TIPP**
>
> Es ist hilfreich, den Gesprächsleitfaden (Arbeitsmaterial 1 und 2) und die Checklisten zu den Lebensbereichen (Arbeitsmaterial 5 bis 14) auszudrucken und sie für die weitere Lektüre zu nutzen.

Richten Sie Ihre Fragen auf die Zukunft aus

Hilfeplanung richtet sich an Menschen, die aufgrund von Problemen Unterstützung benötigen. Sie haben oft Defizite und Schwierigkeiten. Wenn man aber den Problemen, Defiziten, negativen Erfahrungen und Erlebnissen zu viel Aufmerksamkeit widmet, kann es sie eher verstärken. Ressourcen und Fähigkeiten können aus dem Blick geraten. Um das zu vermeiden, ist es wesentlich hilfreicher, am Anfang den Blick auf die Zukunft zu richten und den Wünschen und Zielen Aufmerksamkeit zu schenken. Denn bei der Hilfeplanung geht es um die Entwicklung einer Zukunftsperspektive, und die Aussicht auf positive Veränderungen ist motivierend. Daher beginnen die Fragen des Leitfadens (und des Hilfeplans des LVR) mit Fragen zur Zukunft (Wünsche und Ziele).

Achten Sie darauf, dass tatsächlich Ziele und Wünsche benannt werden. Häufig sind Menschen mit Unterstützungsbedarf wenig darin geübt, diese zu formulieren. Sie sind jedoch wesentlich für die Motivation, um vereinbarte Hilfe umzusetzen. Die Aufgabe für die professionellen Helfer besteht darin, sie in den Hilfeplangesprächen gemeinsam mit den Menschen mit Unterstützungsbedarf herauszuarbeiten.

Menschen mit kognitiver Einschränkung fällt es leichter, Ziele und Wünsche zum Ausdruck zu bringen, wenn sie diese mit ihrer aktuellen Situation vergleichen können. Die Leitfäden beginnen daher

> **TIPP**
>
> Nutzen Sie den Gesprächsleitfaden (Arbeitsmaterial 2 bis 4) und notieren Sie die Antworten der Menschen mit Unterstützungsbedarf auf dem Übersichtsbogen bzw. in den Checklisten zu den Lebensbereichen (Arbeitsmaterial 5 bis 14). Sie können die Antworten später in den Hilfeplan übertragen.

mit Fragen, wie der Mensch derzeit wohnt und lebt und ob er sich eine Veränderung wünscht.

→ Beispiel   Frau Benn ist zunächst überrascht, dass sie in einer Situation, in der sie augenscheinlich von Problemen nahezu überwältigt wird, befragt wird, wie sie sich ihre Zukunft vorstellt. Sie begegnet den Fragen sehr skeptisch, antwortet eher gleichgültig, entwickelt aber zusehends Interesse am Gespräch. Mit der Vorstellung der zukünftigen Veränderung steigt ihre Motivation.
In ihrem Hilfeplan schreibt sie unter anderem: »Am liebsten würde ich hier wohnen bleiben (aber das geht ja nicht). Dann möchte ich aber unbedingt alleine wohnen und nicht in einer WG. Ich will auf keinen Fall in ein Wohnheim. Wenn ich umziehen muss, dann bitte in die Stadt. Es soll da flach sein. Ich möchte keine steilen Berge gehen müssen und ich hätte gerne mein Geld für mich alleine.
Sobald mein Freund entlassen wird, will ich für ihn als Buchhalterin arbeiten. Das will ich lernen. Dann schreibe ich alles auf und rechne für ihn. Ich warte auf die Entlassung meines Freundes. Nur mit ihm bin ich ein ganzer Mensch. Wenn er kommt, wird alles anders. Ich möchte mit ihm ganz liebevoll zusammenleben. Außer ihm, will ich keinen anderen kennenlernen. Vielleicht möchte ich am Wochenende Besuch haben.
Mich interessieren Blumen und Pflanzen. Ich möchte gerne alle Blumenarten kennenlernen. Viel rausgehen, spazieren gehen mit dem Hund. Ich möchte meine Katzen behalten. Meine freie Zeit möchte ich mit meinem Freund verbringen. Aber manchmal möchte ich auch gern mal Kaffee trinken. Alleine.
Ich möchte mich besser bewegen können. Ich schlafe ja lange. Das möchte ich auch in Zukunft tun. In der Woche sollen alle zum Helfen kommen. Einkaufen, putzen und vielleicht sprechen. Ich möchte, dass jeden Tag jemand kommt. Wenn mein Freund da ist, ist das nicht nötig. ✕

→ Beispiel   Herr Wiebert macht auf die Frage im Hilfeplan, wie und wo er gerne wohnen möchte, keine Angaben. Die Frage, ob er dort, wo er jetzt wohnt, gerne wohnt, beantwortete er mit einem klaren »Ja«. Zudem schreibt seine persönliche Assistentin Frau Lindemann aus fachlicher Sicht: »Herr Wiebert hält sich gerne in seinem Zimmer auf. Nachmittags geht er dort hin und entspannt sich. Auf die Fotos, die dort von ihm hängen, zeigt er immer und lacht dabei.« ✕

Wie schwer es sein kann, Ziele zu formulieren, erleben wir, wenn wir uns selbst einmal nach unseren Zielen für unser Leben befragen. Für den Menschen mit Unterstützungsbedarf ist das nicht anders. Er benötigt behutsame Erklärungen und Vergleiche. In Zielen kann sich der Wunsch nach Veränderung, Verbesserung, Linderung oder Heilung Ausdruck verschaffen, es kann aber auch ein Ziel sein, Bestehendes bewahren zu wollen.

Risiken und Nebenwirkungen

Professionelle Helfer haben manchmal Bedenken, die Menschen mit Unterstützungsbedarf zum Äußern ihrer Wünsche und Bedürfnisse einzuladen. Es wird befürchtet, damit zu viel Hoffnungen und Illusionen zu wecken, weil manche Wünsche unrealistisch erscheinen und die Gefahr besteht, Enttäuschungen zu bereiten. Die Praxis zeigt jedoch, dass sich selbst aus unrealistischen Wünschen neue Handlungsmöglichkeiten ergeben können.

Das Hilfeplangespräch soll von Beginn an auf die Zukunft, auf Ziele und Wünsche ausgerichtet sein. Es verlagert den Fokus der Aufmerksamkeit auf Zuversicht für neue Lösungen, fördert die Motivation und setzt bei den Ressourcen an. Menschen mit kognitiver Behinderung brauchen Vergleiche und Anregungen, beispielsweise: »Wie lebe ich jetzt, wie will ich leben?«

Erfragen Sie die gegenwärtige Situation

Was für Menschen mit kognitiven Einschränkungen gilt, gilt für alle: Um für die Zukunft Ziele entwickeln zu können, ist der Vergleich mit der Gegenwart notwendig. Dafür sind Informationen zu allen Lebensbereichen notwendig. Berichtet der betreffende Mensch ausführlich genug, hat das Vorrang, ansonsten gilt auch hier der Einbezug relevanter Personen und/oder die Beschreibung der Helfenden.

→ **Beispiel** In ihrem Hilfeplan schreibt Frau Benn unter anderem: »Ich habe hier das Zimmer, die Küche und das Bad, wo die Katzen wohnen. Manchmal war mein Freund da, der ist jetzt im Knast. Manchmal kommen Freunde von ihm vorbei. Aber ich werde ja bald umziehen.
Vor meinem Unfall habe ich in der Fabrik gearbeitet. Immer mal

TIPP
Verwenden Sie die Chronologie der Lebensbereiche im Arbeitsmaterial 5 bis 9 für Ihre Beschreibungen zu den Bereichen Wohnen, Arbeit, soziale Beziehungen, Freizeit und Weiteres.

für ein paar Monate dort und für ein paar Wochen da. Jetzt arbeite ich nicht. Ich habe Kontakt zu meinem Freund, er schreibt mir. Ich schicke ihm eine Karte. Ich unternehme sonst nichts, mit niemandem. Wenn andere kommen, bringen die andere mit. Manchmal übernachten auch welche. Ich hatte mal eine Freundin, weiß nicht mehr, wo sie ist. Meine Eltern wollen mich nicht mehr. Ich habe keine Angehörigen. Wenn meine Bekannten gehen, nehmen sie mich meistens nicht mit, vielleicht weil ich ihnen zu langsam bin. Herr Gerken hat gesagt, er wolle mich zu anderen psychisch Kranken bringen. Aber das will ich nicht. Ich unternehme eigentlich gar nichts. Nur wenn mein Freund da ist, nimmt er mich schon mal mit nach Hause. Aber der ist ja jetzt im Knast. Der Fernseher läuft immer. Manchmal bringt einer DVDs mit. Mein Hobby sind meine Tiere. Und die Blumen. Mein Hobby ist der DVD-Player und viele Musik-CDs. Spaß macht mir das Geld zählen, Tiere und Babytiere. Meine Hobbys sind mit meinem Hund rausgehen und auch Tiffanysachen interessieren mich.«

Ihre Betreuerin Frau Galbo schreibt dazu (ergänzende fachliche Sicht):

»Wohnen: Frau Benn wohnt in einer Einzimmerwohnung, Wohnküche, Diele, Bad eines 6-Familien-Hauses am Stadtrand. In der Wohnung leben sieben Katzen und ein Hund. Möbel sowie alle anderen Wohngegenstände sind stark verschmutzt, Müll stapelt sich in den Ecken, die Sitzmöbel sind verunreinigt. In der Küche türmt sich das schmutzige Geschirr. Zeitweise wohnte ihr Freund mit in der Wohnung, der aber vor kurzer Zeit inhaftiert wurde. In der Wohnung riecht es stark. Das Bad ist nicht zu benutzen, in der Badewanne hat sie Gegenstände gesammelt und der WC-Bereich wird als Katzentoilette verwendet. Der Vermieter hat mehrere Versuche unternommen, ihr die Wohnung zu kündigen, das hat letztlich zum Erfolg geführt. Frau Benn muss die Wohnung kurzfristig räumen, das Sozialpsychiatrische Zentrum der Stadt bietet ihr ein Appartement in der City-Nähe an.

Arbeit und Beschäftigung: Frau Benn geht keiner Beschäftigung nach. Sie hat keinen Schulabschluss und eine Lehre als Floristin abgebrochen. Derzeit informiert sie sich, welche Qualifikationen man als Buchhalterin braucht. Sie hat Interesse an Blumen, spricht gerne darüber, aber hat das noch nicht in eine Tätigkeit umgesetzt.

Soziale Beziehungen: Frau Benn möchte gern alleine leben, beherbergt aber auch gerne ihren Freund. Sie erhält oft Besuch von delinquenten Personen aus den unterschiedlichen Milieus.

Freizeit: Frau Benn schaut viel Fernsehen, Filme auf DVD, hört Radio oder CDs. Einmal am Tag macht sie einen Spaziergang mit dem Hund, insofern das ihre Beweglichkeit und ihr Zustand zulassen und beschäftigt sich mit dem Beobachten ihrer Katzen in der Wohnung.«

 Risiken und Nebenwirkungen

Bei der Beschreibung der gegenwärtigen Situation neigen Mitarbeiter von Einrichtungen und Diensten dazu, das, was sie sehen, bereits zu bewerten. Sie ziehen Rückschlüsse auf mögliche Störungen und Behinderungen.

Die derzeitige Lebenssituation sollte nur beschrieben, aber nicht kommentiert oder bewertet werden.

Finden Sie Fähigkeiten heraus und würdigen Sie diese

Jeder Mensch verfügt über persönliche Fähigkeiten und besondere Qualitäten. Ziel der Hilfeplanung ist es, diese zu erhalten und zu entwickeln, den Menschen dabei zu unterstützen und zu fördern, sein Leben möglichst selbstständig zu meistern. Die Fragen dazu lauten: Wo liegen die besonderen Fähigkeiten bzw. Talente? Was im Leben können Sie ohne großes Problem selbstständig erledigen? Die Würdigung und Wertschätzung der Fähigkeiten stärken den Menschen mit Unterstützungsbedarf, sie zur Bewältigung seiner Probleme einzubringen. Es erhöht das Selbstwertgefühl, das Selbstvertrauen und die Motivation, Hilfen anzunehmen.

Nicht allen Menschen mit Unterstützungsbedarf gelingt es, ihre Stärken und Fähigkeiten zu benennen. Die Methode des zirkulären Fragens kann dabei helfen. Sie finden einen praktischen Vorschlag dazu im Arbeitsmaterial 1. Dort heißt es: Fragen Sie beispielsweise: »Wenn ich Ihre Eltern (Freunde, Bekannte, Betreuer, Kollegen) fragen würde, was würden sie auf die Frage antworten: Was kann er (der Betreffende) besonders gut? Worin sehen sie seine Fähigkeiten z. B. bei der Versorgung seines Haushalts?«

Geben Sie dem Menschen mit Hilfebedarf Zeit und Raum für seine Antworten. Fragen Sie erst nach seinem Einverständnis, die Menschen, die am Gespräch beteiligt sind, befragen zu dürfen. Sind keine anwesend, fragen sie den Betreffenden, was sie sagen würden, wenn sie z. B. auf dem leeren Stuhl neben Ihnen sitzen würden.

→ Beispiel   Thomas Richter berichtet im Hilfeplan darüber, dass er einige Hausarbeiten bereits selbst machen kann: »Mein Zimmer mach ich selber. Spülen kann ich gut und jedenfalls schon aufräumen. Geschirr in den Schrank tun und Spülmaschine einräumen. Ich kann auch Küche putzen. Badezimmer habe ich auch schon gemacht. Auch die Treppe putzen. In meinem Zimmer tu ich meistens auch Staubputzen.« Die Teilnehmer des Hilfeplangesprächs drücken ihre Anerkennung darüber aus. Seine Betreuerin berichtet, dass er sehr freundlich und stets hilfsbereit ist und seine Mutter stolz darauf ist, dass er selbstständiger werden möchte, auch wenn es ihr schwerfällt, ihn loszulassen. ×

→ Beispiel   In ihrem Hilfeplan schreibt Frau Benn unter anderem:
Wohnen und Selbstversorgung: »Ich kann meine Wohnung gemütlich gestalten, hänge Bilder auf, sammle schöne Sachen. Ich esse nie zu viel, achte auf meine Figur, ich kann mit Geld umgehen, mein Geld gut einteilen. Ich weiß genau, was ich einkaufen will und wie teuer die Sachen sind und was ich mir leisten kann. Klar kann ich mir Tee und Kaffee kochen, ich kann auch für mich und meinen Freund kochen, oder wenn andere kommen, kann ich denen auch was kochen. Trotz aller Probleme habe ich meinen eigenen Haushalt. Ich habe meine Tiere versorgt. Ich kann über mich selbst bestimmen. Auch wenn ich den Herrn Gerken habe. Der kann meinetwegen gehen. Mit meinem Leben und meinen Tieren komme ich selber klar.«
Soziale Beziehungen: »Ich kann schön reden. Ich ziehe Leute an und die kommen gerne. Gegen andere Frauen kann ich mich gut durchsetzen. Meine Mutter hat gesagt: Die Jungens kommen doch alle zu dir.«
Ihre Betreuerin Frau Galbo schreibt dazu (ergänzende fachliche Sicht):
Wohnen und Selbstversorgung: »Frau Benn kocht für sich Schnellgerichte in der Mikrowelle. Nach Angaben von Herrn Gerken hat sie großes Talent, selbst in Krisenzeiten ihr Geld im Blick zu behalten.«
Soziale Beziehungen: »Frau Benn ist ihrem Freund treu und hat es bereits in den ersten Wochen geschafft, sich vor unangenehmen Personen zu schützen, indem sie sich Hilfe geholt hat. Sie war in der Lage, sich abzugrenzen. Bereits nach kurzer Zeit, und trotz ihre

auf traumatische Ereignisse rückzuführende misstrauische Grundhaltung, hat sie Vetrauen zu ihrer Bezugsbetreuerin entwickelt und ist bereit, mit ihr über die Themen Beziehungspflege, Intimität und Sexualität zu sprechen.«

Lebensbereich Weiteres (psychische Gesundheit): »Frau Benn verfügt über einen ausgeprägten Willen und Motivation, das Wohnen außerhalb einer Heimunterbringung zu bewältigen und ist bereit, dafür notwendige Hilfen anzunehmen. Sie entwickelt schnell Interesse, etwas ändern zu wollen, ist motiviert und kooperativ. Hat sie einmal eine Regel verstanden, fordert sie die Einhaltung auch von ihrer Bezugsbetreuerin ein. Bei konstanter Begleitung übernimmt sie Handlungen der Selbstwirksamkeit, d.h. sie ist in der Lage, Positives über sich selbst anzunehmen und zu erhalten, z.B. die Verwendung eines bestimmten Pflegemittels nach dem Duschen, der damit verbundene Genuss und Geruch und das Wohlbefinden. Sie ist dann in der Lage, ihre Dankbarkeit auszudrücken.« ×

Risiken und Nebenwirkungen

Viele Menschen tun sich schwer, Lob und Anerkennung zu vermitteln, manche sich noch schwerer, sie anzunehmen. Professionelle Helfer neigen dazu, den Problemen mehr Aufmerksamkeit zu schenken, sehen in ihrer Lösung ihre Aufgabe und neigen dazu, auch Fähigkeiten als Problem zu beschreiben.

Im Hilfeplangespräch gehört den Fähigkeiten und Stärken besondere Aufmerksamkeit. Sie müssen herausgefunden, ausgesprochen, beschrieben und besonders wertgeschätzt und gewürdigt werden.

Erfragen Sie, wer oder was dem Menschen mit Hilfebedarf bereits hilft

In der Sprache der ICF sind das die Umweltfaktoren, z.B. Produkte und Technologien, unterstützende Beziehungen und Dienste. Zu den Produkten gehören beispielsweise Medikamente, durch deren Einnahme Leiden gelindert werden. Wenn die Arznei hilft, begreift die ICF sie als Förderfaktor. Ein Rollstuhl fällt unter den Begriff der Technologie, ein Förderfaktor, der einem Menschen mit einer Lähmung hilft, trotzdem mobil zu bleiben. Der Pflegedienst, der regelmäßig kommt, gehört zum Kreis der unterstützenden Personen ebenso wie der Nachbar, der regelmäßig zum Kaffee kommt. Im Arbeitsmaterial 11 werden Umweltfaktoren im Kapitel Unterstützung und Beziehungen beschrieben.

Umweltfaktoren können helfen oder hinderlich sein. Im Hilfeplangespräch liegt der Fokus auf den förderlichen Faktoren. Hindernisse werden später erfragt. Zur Beurteilung dieser Faktoren wird das Arbeitsmaterial 13 (Skala zur Einschätzung der Umweltfaktoren als Förderfaktor oder Barriere) empfohlen.

Neben den Umweltfaktoren sind es aber auch die Fähigkeiten und Ressourcen, die dem Menschen mit Unterstützungsbedarf bereits helfen, so zu leben, wie es seinen Vorstellungen entspricht. Die ICF bezeichnet sie als personenbezogene Faktoren und versteht darunter z. B. geistige und seelische Eigenschaften. Diese werden im Arbeitsmaterial 12 vorgestellt.

→ Beispiel   Nicht ohne Stolz berichtet Thomas Richter über das, was er bereits in der Lage ist, selbstständig zu machen. Über die Hilfen, die er bereits bekommt, gibt es unterschiedliche Sichtweisen. Durch eine behutsame Gesprächsführung ist es aber möglich, die Sichtweise seiner Mutter und seine eigene zu benennen und nebeneinander stehen zu lassen. Er ist damit einverstanden, die alltäglichen Dinge des Lebens nach seinem Auszug mit Unterstützung der Mitarbeiter des Betreuten Wohnens fortzusetzen. Die Hilfe seiner Mutter im Haushalt möchte er nicht annehmen.

In den Hilfeplan wird aufgenommen, dass er Probleme bei der Bewältigung des Haushaltes hat (ICF: Problem mäßig ausgeprägt), seine Mutter ihn unterstützen würde (ICF: Förderfaktor ziemlich ausgeprägt), er aber auf ihre Förderung verzichtet. Stattdessen akzeptiert er die Aufforderung und Anleitung des ihn aufsuchenden Dienstes (ICF: Förderfaktor hoch ausgeprägt). Er erhofft sich damit mehr Eigenständigkeit und Unabhängigkeit von der Mutter (persönliches, attraktives Ziel mit hoher Motivation). ✕

→ Beispiel   Im Hilfeplan von Frau Benn steht als ergänzende fachliche Sicht Folgendes:

»Umweltfaktoren (Produkte und Technologien): Frau Benn bekommt Medikamente. Sie verwendet einen Stock zum Gehen und lernt einen Rollator zu benutzen. Frau Galbo hat ihr einen Taschenrechner besorgt, der ihr beim Rechnen hilft. Im neuen Apartment wird das Bad barrierefrei umgebaut.

Umwelt: Die neue Wohnung befindet sich in einer zentrumsnahen Wohngegend, in der Frau Benn voraussichtlich nicht auffallen wird.

Unterstützung und Beziehungen: Frau Benn hatte bisher Unterstützung von häufig wechselnden Pflegediensten. Am kontinuierlichsten begleitet sie ihr gesetzlicher Betreuer, Herr Gerken.
Personenbezogene Faktoren: Frau Benn hat trotz ihrer durch Traumatisierung gekennzeichneten Biografie einen starken Charakter entwickelt. Sie kann sich durchsetzen und sorgt dafür, dass sie Hilfe bekommt.« ×

Risiken und Nebenwirkungen
Wenn Einrichtungen und Dienste die Verantwortung für Hilfen übernehmen, kann das Angehörige, Freunde oder andere Menschen hindern, ihre Unterstützung fortzusetzen. Sie kann aber weiterhin notwendig und wichtig sein. Wichtige Personen aus dem sozialen Umfeld können dazu neigen, ihre Verantwortung »an der Tür« abzugeben, wenn ein Dienst ins Spiel kommt. Es besteht die Gefahr, die Art ihrer Unterstützung weniger wertzuschätzen.

Produkte, Technologien, Beziehungen und Dienste sind Umweltfaktoren, die fördern oder eine Barriere sein können und die bereits für Hilfe sorgen können. Informationen und Klarheit darüber zu haben, ist ein elementarer Baustein der Hilfeplanung.

Erfragen Sie die Probleme bei der Lebensführung

Hierbei geht es darum, herauszufinden, was der Mensch mit Hilfebedarf nicht so gut oder gar nicht kann, also um seine Probleme. Sie sind Auswirkungen der Einschränkungen, Störungen oder Behinderungen im alltäglichen und sozialen Leben. Häufig liegt ein Hauptproblem vor. In den Gesprächsleitfäden (Arbeitsmaterial 2 bis 4) wird dies mit allgemeinen Fragen erfragt, z. B.: Was läuft zurzeit nicht so gut, oder nicht so, wie es sein soll? Warum ist das so? Danach werden Fragen gestellt, wie sich Probleme auf die Lebensbereiche auswirken, z. B.: Warum können Sie nicht so wohnen, wie Sie wollen?
Das Ansprechen von Problemen kann als belastend und schwierig erlebt werden. Wenn Sie dem Leitfaden folgen, haben Sie bereits über Ziele, Wünsche und Fähigkeiten gesprochen. Das macht es einfacher, anschließend über Probleme zu sprechen.

Die Methode des zirkulären Fragens ist dabei besonders hilfreich: »Was glauben Sie würden Ihre Eltern sagen, wenn ich sie frage: Welches Problem hindert ihn daran, sein Leben so zu führen, wie er es eigentlich wünscht?«

Im Arbeitsmaterial 10 sind Beurteilungsmerkmale der ICF zur Einschätzung von Problemen zusammengefasst.

→ Beispiel So stolz Thomas Richter über das spricht, was er gut kann, so unangenehm ist es für ihn, über Probleme zu sprechen. Er findet alles bestens und sieht Probleme darin, dass er nicht immer das darf, was ihm gerade in den Sinn kommt. Insbesondere andere Menschen sind nach seiner Überzeugung das Problem. Er ist damit einverstanden, dass seine Betreuer über seine Probleme berichten dürfen. Sie sprechen von Stimmungsschwankungen, dass er manchmal unaufmerksam und zerstreut ist. Sie vermuten, dass er empfindlicher als andere auf Veränderungen des Umfelds reagiert und daher leicht erregbar ist. Wenn sie ihm in einer solchen angespannten Situation in aller Ruhe erklären, was um ihn herum passiert, lässt er sich beruhigen. Man muss dazu allerdings den Arbeitsplatz verlassen, weil er ansonsten unaufmerksam ist und seine Erregung sich steigert. Seine Mutter erzählt, dass er früher in Stresssituationen in sein Zimmer gegangen ist und es lange dauert, bis er wieder rausgekommen ist. ✗

→ Beispiel In ihrem Hilfeplan schreibt Frau Benn unter anderem zum Lebensbereich Wohnen: »Sie sehen ja, was nicht gut läuft. Ich muss hier ausziehen. Die Nachbarn beschweren sich über mich. Ich kann mich nicht so um meine Wohnung kümmern. Der Pflegedienst sollte auch aufräumen, das wollte ich nicht, hab mich mit denen gestritten. Ich komme ständig durcheinander. Ich kann halt nicht. Ich kann auch nicht früh aufstehen, und ich kann nicht rausgehen, wann ich will. Meine geldliche Situation ist schrecklich.«

Im Hilfeplan von Frau Benn steht unter ergänzende fachliche Sicht: »Frau Benn hat erheblich ausgeprägte Probleme bei der Selbstsorge, beim häuslichen und wirtschaftlichen Leben: Sie wäscht, badet oder duscht sich nicht, uriniert in einen Eimer, den sie nicht leert, kleidet sich nicht den Witterungen entsprechend, ernährt sich ungesund und unzureichend und vernachlässigt in erheblichem Maße ihre Gesundheit. Sie kauft nicht selbstständig ein, erledigt keine Hausarbeiten und lässt ihre Wohnung häufig verwahrlosen. Sie hat keine Einsicht für ihre finanzielle Gesamtsituation und gibt ihr Geld nicht sinnvoll aus.« ✗

Risiken und Nebenwirkungen
Über Probleme zu sprechen, ist für alle Menschen unangenehm, insbesondere in einem größeren Kreis mit unbekannten Menschen. Gespräche darüber können Wut, Ärger, Traurigkeit, Verzweiflung oder Resignation auslösen.

Probleme sind Auswirkungen von Einschränkungen, Störungen oder Behinderungen. Sie behindern die Autonomie und Teilhabe. Für die Hilfeplanung ist es notwendig, Klarheit über den Schweregrad der Probleme zu haben. Über sie zu sprechen, ist emotional belastend. Eine fördernde Grundhaltung, ein angstfreier und offener Austausch und die Methode des zirkulären Fragens erhöhen die Chance, Lösungen zu finden.

Bringen Sie in Erfahrung, was den Menschen daran hindert, so zu leben, wie er will

Das bio-psycho-soziale Modell der ICF macht deutlich, dass die Umweltfaktoren wesentlich dazu beitragen, Menschen mit Hilfebedarf die Teilhabe zu erschweren. Produkte und Technologien, Beziehungen und Dienste können als Barriere wirken. Medikamente einnehmen zu müssen, kann als Hindernis erlebt werden. Der fehlende Fahrstuhl im Mietshaus ist eine Barriere für Gehbehinderte. Auch das reizüberflutete Wohnen in der Innenstadt kann für einen vulnerablen Menschen eine Barriere sein. Hier geht es darum, zu überprüfen, welche Umwelt- und persönlichen Faktoren die Teilhabe behindern.

Personenbezogenen Einschränkungen, Störungen, Beeinträchtigungen oder Behinderungen werden häufig mit Diagnosen beschrieben. Diagnosen sind Sammelbegriffe, dienen zur Orientierung und sollen helfen, das Maß der Beeinträchtigung einzuordnen. Sie beziehen sich auf einen Lebensausschnitt und gelten nicht für immer. Sie sind personenbezogene Faktoren, die den Mensch an der Teilhabe hindern können.

Das Arbeitsmaterial 11 listet die Umweltfaktoren und Arbeitsmaterial 12 die personenbezogenen Faktoren auf Arbeitsmaterial 13 hilft bei der Beurteilung der Barrieren und Förderfaktoren.

→ Beispiel   Frau Benn schreibt in ihrem Hilfeplan unter anderem Folgendes:
Personenbezogene Faktoren: »Meine Eltern haben mich fallen lassen. Ich bin nicht mehr ihre Tochter. Mein Arm ist steif. Mein Fuß ist kaputt. Ja, ja, ja Drogen. Ich kann zu Leuten nicht nein sagen.«
Umweltfaktoren: »Die Medikamente helfen mir nicht. Wegen der Treppen im Haus gehe ich nicht raus, wie ich will. Das ist hier auch zu bergig, nicht flach. Die Leute von nebenan gucken mich immer so doof an. Die lehnen mich ab und kritisierten viel, wollen nichts mit mir zu tun haben. Die reden doch nur über mich. Die Nachbarn sind doch selber fies. Dauernd schauen die mich von oben herab an. Der von ganz oben hat mich schon ein paar Mal angebrüllt. Jetzt haben die es endlich geschafft, mich rauszukriegen. Jetzt gibt es immer noch welche, die nutzen mich aus, es gibt welche, die sind ganz nett.«

Risiken und Nebenwirkungen

Diagnosen, personenbezogene und Umweltfaktoren können als unveränderbar wahrgenommen werden. Sie können wie eine Festschreibung wirken. Sie sind es aber nicht. Dass ein Zustand so ist, heißt auch, dass er nicht so bleiben muss. Er ist veränderbar.

Personenbezogene und Umweltfaktoren können Barrieren sein und die Teilhabe behindern. Soll Hilfeplanung gelingen, sind Informationen und Klarheit über den Grad ihrer Auswirkung notwendig.

Stellen Sie Fragen zu bisherigen Erfahrungen und was bei den Problemen bereits geholfen hat

Menschen mit Hilfebedarf sind ihre eigenen Experten. Sie haben wichtige Erfahrungen gemacht. Informationen darüber sind wichtig für die Hilfeplanung. Das gilt insbesondere für den Umgang mit ihren Problemen. Das gilt auch für die Personen aus ihrem unmittelbaren Umfeld, ihre Angehörigen, Freunde oder sonstigen Begleiter. Ziel dieses Schrittes ist es, in Erfahrung zu bringen, was trotz aller Probleme in der Vergangenheit geholfen hat. Was war wichtig? Wie kam es zu Lösungen? Wie sehen gute Zeiten aus? Was lindert die Probleme? Was davon sollte zukünftig geschehen?

Fragen Sie nach dem Umgang mit Krisen

Krisen sind im Leben der Menschen von entscheidender Bedeutung. Sie bedeuten einen erheblichen Einschnitt und führen nicht selten dazu, dass sich stabil geglaubte Lebensumstände schlagartig verändern. Sie können daher den Hilfeplanprozess erheblich beeinflussen. Kenntnisse und Verabredungen zum Umgang mit Krisen haben für die Gestaltung von Hilfen eine hohe Bedeutung, auch wenn in den Hilfeplänen nicht explizit Fragen dazu gestellt werden. Das Arbeitsmaterial 15 (Krisenfragebogen) beinhaltet hierzu wesentliche Fragen und wird empfohlen.

→ Beispiel Frau Benn wurde anhand des Fragebogens zu Krisen befragt, sie berichtet: »Im Sommer und wenn ich viel alleine bin, kommen immer viele Erinnerungen. Ich zieh mich dann zurück. Wenn jemand kommt, kann ich aber auch nicht nein sagen. Ich muss dann viel kiffen oder Alkohol trinken. In den Momenten lohnt sich das Leben für mich nicht. Am liebsten wäre ich dann tot. Aber ich habe keinen Versuch mehr gemacht in den letzen Jahren. Irgendwie wollte ich das nicht. Herr Gerken hat mich im Sommer immer zum Arzt gebracht. Dann habe ich Tavor bekommen. Als Frau Galbo jetzt gekommen ist, um mir zu helfen, habe ich das erste Mal mit ihr darüber gesprochen. Ich fand gut, dass sie mich nicht ausschimpft. Ich fand gut, dass sie nicht geschrien hat und böse war und zugehört hat.« ×

 Risiken und Nebenwirkungen
Es kann dem Menschen schwerfallen, im Rahmen eines Hilfeplangesprächs über Krisen zu sprechen. Wenn man zu viel von sich preisgeben muss, kann das negative Gefühle auslösen, es kann schmerzlich und peinlich sein und Ängste vor Konsequenzen auslösen.

Über Krisen muss geredet werden. Entscheiden Sie nach fachlichem Ermessen und mit kollegialer Beratung, wann und wie dies angemessen ist. Sinnvoll ist es, das Gespräch mithilfe des Krisenfragebogens (Arbeitsmaterial 15) an einem gesonderten Termin durchzuführen.

Fragen Sie nach Erlebnissen und Erfahrungen aus der persönlichen Geschichte

Individuelle Hilfeplanung widmet sich methodisch vorrangig der Gegenwart und der Zukunft. Auch Fragen zu bisherigen Erfahrungen legen den Fokus auf bisherige Problemlösungen. Fragen und Angaben zur Vergangenheit werden in den ersten Schritten der Hilfeplanung vernachlässigt, denn es soll der Zukunft mit Zuversicht auf neue Lösungen begegnet werden. Dennoch können Erfahrungen aus der Vergangenheit sehr wichtig sein. Mithilfe des Fragebogens zur persönlichen Geschichte (Arbeitsmaterial 16) ermitteln Sie anamnestische Daten. Bei den Fragen geht es vorrangig um das persönliche Erleben des Menschen mit Hilfebedarf.

→ **Beispiel** Frau Benn ist nur zögernd bereit, mit Frau Galbo über Probleme aus der Vergangenheit zu sprechen. Erst nach einer gemeinsamen Zeit erzählte sie aus ihrem Leben: »Ich sollte Blumenverkäuferin werden. In der Lehre lief es aber schlecht. Mein Chef mochte mich nicht. Ständig Streit. Er hat mich rausgeschmissen. Mein Vater hat mich geschlagen und ich bin abgehauen. Getrampt, nach Amsterdam. Da habe ich dann Ruud getroffen. Bei ihm durfte ich schlafen, er war am Anfang sehr nett. Das war im Sommer. Plötzlich waren da auch Drogen und Ruud hat gesagt, ich muss ihm helfen. Er brachte Freunde mit und mit denen musste ich dann Sex machen. Mal ging es mir gut, mal war ich sehr verzweifelt, dann hatte ich Angst und wusste nicht mehr weiter. Ich weiß nicht mal warum und wieso, aber irgendwann war ich dann in der Psychiatrie in Amsterdam. Von da aus bin ich zurück nach Hause. Es geht mir jetzt im Sommer immer am schlechtesten. Im Sommer habe ich auch versucht, mich umzubringen. Seitdem bin ich halbseitig gelähmt.« ×

Risiken und Nebenwirkungen
Legt man den Schwerpunkt auf Probleme in der Vergangenheit, kann es dazu kommen, dass man Defiziten zu viel Aufmerksamkeit schenkt und Fähigkeiten vernachlässigt. Erinnerungen können mit negativen Gefühlen verknüpft sein. Alte Kränkungen und Emotionen können ausgelöst werden.

Ziel des Erfassens anamnestischer Daten ist es, aus Erfahrungen für die Zukunft zu lernen. Dafür ist ein Vertrauensverhältnis notwendig. Informationen zu den bisherigen Erfahrungen bieten die Chance, erfolgreiche Maßnahmen, Lösungswege oder Methoden in die Hilfeplanung aufzunehmen.

Wünsche und Ziele des Menschen mit Hilfebedarf sind das Leitziel

Im ersten Schritt des Hilfeplangesprächs hat der Betreffende seine persönlichen Wünsche und Ziele zum Ausdruck gebracht. Das können illusorisch anmutende Wunschvorstellungen sein, die gar nicht oder schwer realisierbar erscheinen. Auch wenn das so ist: In ihnen verbirgt sich die persönliche Motivation, die eigene Vision, das individuelle Interesse. Sie sind daher von besonderer Bedeutung.
Der Prozess der Hilfeplanung benötigt aber Eindeutigkeit. Dafür sollten die Ziele so konkret wie möglich, nachvollziehbar und realistisch sein. Die Orientierung an den SMART-Kriterien soll dabei helfen:
Spezifisch: Die Ziele konkret, klar, präzise und eindeutig definiert schriftlich festhalten.
Messbar: Die Ziele sollen so formuliert werden, dass man sie überprüfen kann.
Aktuell und attraktiv: Die Ziele sollten akzeptabel, attraktiv und damit motivierend sein.
Realistisch: Die Ziele sollten sich auf die Wirklichkeit beziehen, Teilziele heruntergebrochen und Schritt für Schritt benannt werden.
Terminiert: Die Ziele sollten »Stationen des Weges« bezeichnen, also Zeiträume, in denen etwas erreicht werden kann und sollte.
Mit den SMART-Kriterien soll deutlich werden, welche Ziele mit der Hilfeplanung erreicht werden sollen. Dazu bedarf es der Abstimmung zwischen dem Leitziel und den konkreten Zielen, die daraus abgeleitet werden. Das ist Bestandteil der Auseinandersetzung im Hilfeplanprozess. Es kann hilfreich sein, zwischen lang-, mittel- und kurzfristigen Zielen zu unterscheiden.

→ Beispiel Thomas Richter fällt es leicht, seine Ziele zu benennen: »Ich will eine eigene Wohnung haben. Wenn ich Probleme mit dem Waschen habe, es geht um die Maschine, wie man waschen kann, das will ich lernen. Frau Berger (Betreuerin) soll mir das lernen. Ich bin 26. Ist Zeit, dass ich von zu Hause rauskomme. Muss selber entscheiden, was ich tue.« Diese Ziele geben seine ganz persönliche Sichtweise wieder, die fachlich kommentiert und durch konkrete Ziele präzisiert werden. ✕

→ Beispiel Im Hilfeplan von Frau Benn steht das aus fachlicher Sicht formulierte Ziel:
Selbstversorgung: »Frau Benn nimmt die Hilfen zur Selbstversorgung problemlos an. Sie wäscht sich täglich, duscht dreimal wöchentlich, benutzt die Toilette, kleidet sich der Witterung angemessen an und ernährt sich ausgewogen (z. B. Obst, Mineralwasser, frisches Gemüse). Die notwendigen Arztbesuche werden durchgeführt, ihr Gesundheitszustand ist verbessert.«
Häusliches Leben: »Frau Benn wohnt selbstständig in ihrem Appartement. Der Lebensmitteleinkauf erfolgt zweimal wöchentlich.«
Wirtschaftliches Leben: »Frau Benn erhält zweimal wöchentlich Geld zum Einkauf.« ✕

Die von Frau Benn selbst formulierten Ziele und die fachlichen Ergänzungen sind in dem Hilfeplanausschnitt auf der gegenüberliegenden Seite zu finden, den ganzen Hilfeplan finden Sie unter den Downloadmaterialien.

✋ Risiken und Nebenwirkungen
Es besteht die Gefahr der Überforderung und der Überfrachtung von Zielen und es kann Leistungsdruck entstehen. Wenn ein Ziel nicht erreicht wird, kann das von allen Beteiligten als Scheitern erlebt werden.

> Die Arbeit mit Zielen ist eine effiziente und sinnvolle Methode. Sie muss vom Betreffenden verstanden und getragen werden und seinen Möglichkeiten entsprechen.

Wünsche und Ziele des Menschen mit Hilfebedarf sind das Leitziel

ABBILDUNG 7 Auszug aus dem Hilfeplan von Frau Benn

Individuelle Hilfeplanung des LVR	- Gesprächsleitfaden -
	AZ 73.00-000 000

I. Angestrebte Wohn- und Lebensform (Leitziele)

Es ist die angestrebte Wohn- und Lebensform des Menschen mit Behinderung. Daher wird sie aus dessen Perspektive formuliert. Eine Kommentierung oder Bewertung dieser Ziele ist unerwünscht.

Wie und wo ich wohnen will

Am liebsten würde ich hier bleiben, (aber das geht ja nicht). ...dann möchte ich aber unbedingt alleine wohnen und nicht in eine WG. Ich will auf keinen Fall in ein Wohnheim. Das kommt nicht in Frage. Wenn ich umziehen muss, dann bitte in die Stadt. Es soll da flach sein. Ich möchte keine steilen Berge gehen müssen und ich hätte gerne mein Geld für mich alleine.

Was ich den Tag über tun oder arbeiten will

Sobald mein Freund entlassen wird, will ich für ihn als Buchhalterin arbeiten, das will ich lernen. Dann schreibe ich alles auf und rechne für ihn.

Wie ich mit anderen Menschen zusammen leben will (Beziehungen zu anderen Menschen, nicht wohnen)

Ich warte auf die Entlassung meines Freundes, nur mit meinem Mann bin ich ein ganzer Mensch. Wenn er kommt, wird alles anders. Ich möchte mit ihm ganz liebevoll zusammen leben. Außer ihm, will ich keinen anderen kennen lernen. Vielleicht möchte ich am Wochenende Besuch empfangen.

Was ich in meiner Freizeit machen will

Ich möchte gerne Blumenarten kennen lernen, alle. Viel rausgehen, spazieren gehen mit dem Hund. Ich möchte meine Katzen behalten. Meine freie Zeit möchte ich dann mit meinem Mann verbringen. Aber manchmal möchte ich auch gern mal Kaffee trinken. Alleine.

Was mir sonst noch sehr wichtig ist

GESUNDHEIT -Ich möchte mich besser bewegen können

TAGESGESTALTUNG -Ich schlafe ja lange. Das möchte ich auch in Zukunft tun. In der Woche sollen alle zum Helfen kommen. Einkaufen und so, putzen und vielleicht sprechen. Ich möchte, dass jeden Tag jemand kommt. Wenn mein Freund da ist, ist das nicht nötig.

II. Wie und wo ich jetzt lebe (Wohnen, Arbeit, soziale Beziehungen, Freizeit und was sonst noch wichtig ist)

WOHNEN : Ich habe hier das Zimmer, die Küche und das Bad, im Bad wohnen die Katzen. Aber ich werde ja bald umziehen...

ARBEIT UND BESCHÄFTIGUNG : Jetzt arbeite ich nicht.

SOZIALE BEZIEHUNGEN : Ich habe Kontakt zu meinem Mann, der ist jetzt im Knast, er schreibt mir. Ich schicke ihm eine Karte. Manchmal kommen Freunde von ihm noch vorbei. Wenn andere kommen, bringen die andere mit. Manchmal übernachten auch welche.

FREIZEIT: Ich schaue eigentlich immer fernsehen. Der Fernseher läuft immer. Manchmal bringt einer Videos mit. Meine Hobbys sind meine Tiere. Und die Blumen. Mein Hobby ist der DVD-Player und viele Musik-CDs.

Ergänzende fachliche Sicht

WOHNEN : Frau B. wohnt in einer 1-Zimmer-Wohnung, Wohnküche, Diele, Bad eines 6-Familien-Hauses am Stadtrand von Solingen. In der Wohnung befinden sich ca. sieben Katzen und ein Hund, Möbel sowie alle anderen Wohngegenstände sind stark verschmutzt, Müll stapelt sich in den Ecken, die Sitzmöbel sind so verunreinigt, dass man sich nicht darauf setzen kann. In der Küche türmt sich das verunreinigte Geschirr. In der Wohnung riecht es stark. Das Bad ist nicht zu benutzen, in der Badewanne hat sie Gegenstände gesammelt und der WC-Bereich wird als Katzentoilette verwendet. Der Vermieter hat ihr diese Wohnung gekündigt.

ARBEIT UND BESCHÄFTIGUNG : Frau B. geht keiner Beschäftigung nach. Derzeit informiert sie sich bei ihre Bezugsbetreuerin, was man dazu braucht um Buchhalterin zu sein. Sie hat Interesse an Blumenarten, spricht gerne darüber, aber hat das noch nicht in eine Tätigkeit umgesetzt.

SOZIALE BEZIEHUNGEN : Frau B. lebt allein, beherbergt aber auch gerne ihren Lebenspartner, der sich derzeit in Haft befindet. Frau B. erhält oft Besuch von eher delinquenten Personen aus den unterschiedlichen Milieus. Zu anderen Familienmitgliedern besteht kein Kontakt.

FREIZEIT : Das was sie dazu sagt kann bestätigt werden: Frau B. schaut viel Fernsehen, viele Filme auf DVD, hört Radio oder CDs. Einmal am Tag macht sie einen Spaziergang mit dem Hund, insofern dass ihre Beweglichkeit und ihr Zustand zulässt und beschäftigt sich mit dem beobachten ihrer Katze.

Ermitteln Sie, welche Hilfemaßnahmen notwendig sind und benennen Sie den Zeitaufwand

Wir haben uns mit Zielen, Wünschen und Erwartungen beschäftigt und haben gefragt, wie jemand mit seinem Leben und seiner Situation zurechtkommt. Wir haben seine Fähigkeiten gewürdigt und herausgefunden, was er nicht so gut kann und worin die vorrangigen Probleme bestehen. Dabei ist sein Hilfebedarf deutlich geworden. Es wurde über Ziele gesprochen, oder wir haben sie vereinbart. Mit diesem Wissen geht es nun darum, die konkreten Hilfemaßnahmen zu planen: Maßnahmen sind das, was getan werden muss, um die Ziele zu erreichen. Auch sie müssen individuell beschrieben werden. Die dafür notwendige Zeit und der ermittelte Unterstützungsbedarf sind sehr individuell. Daher ist es nicht möglich, für einzelne Hilfen Standardzeiten festzulegen.

Im Rheinland (LVR) und in Westfalen-Lippe (LWL) wird der Unterstützungsbedarf in der Form von Fachleistungsstunden dotiert. Sie sind die Grundlage für die Finanzierung der Hilfen. In anderen Regionen und Bundesländern werden die Hilfen noch in Form von Pauschalen finanziert. Das System der Fachleistungsstunden gewinnt aber zunehmend Akzeptanz und wird sich voraussichtlich in dieser oder in ähnlichen Formen durchsetzen.

TIPP → Erstellen Sie gemeinsam einen Wochenplan, wann was in der Woche geschieht. Das gibt Klarheit und Orientierung zur Tages- und Wochenstruktur.

Beispiel Frau Benn ist bei vielen Tätigkeiten verlangsamt und die Dauer der Unterstützungsmaßnahmen wurde in Minutenwerten für die Woche festgelegt, z. B. 60 Minuten für die Hilfe beim Waschen und Duschen, zehn Minuten, um eine sinnvolle Beschäftigung herauszufinden, 50 Minuten, um über ihr Verhalten, ihren Kontakt zu und ihre Kommunikation mit anderen Menschen zu sprechen, 20 Minuten widmen sich dem Thema Freizeit und Kultur und 20 Minuten stehen für die Psychoedukation zur Verfügung. ✕

🖐 Risiken und Nebenwirkungen

Es gibt keine Standardsätze für Unterstützungsmaßnahmen beispielsweise analog zur Pflegeversicherung. Kostenträger, Einrichtungen und Dienste benötigen aber Kalkulationsgrundlagen. Individuelle Beschreibungen sind aufwendig und führen zu Diskussionen und Verhandlungen. Daher nutzen einige Akteure ihre Gestaltungsmacht und greifen auf Pauschalen zurück.

Einrichtungen und Dienste passen die Hilfemaßnahmen aus wirtschaftlichen Interessen dem Angebot ihrer eigenen Einrichtung an, um möglichst viele Fachleistungsstunden durchzusetzen. Der Hilfebedarf kann zu Beginn häufig nur geschätzt werden, wird aber nicht selten als »bare Münze« verhandelt.
Hilfemaßnahmen, die aus übermäßiger Fürsorglichkeit entstehen, können die Entwicklung einschränken.

Die Zeit für einzelne Maßnahmen ist individuell und es ist nicht möglich, Standardzeiten für sie festzulegen. Die Fachleistungsstunde ist die »Währung«.

Überprüfen Sie den Hilfeplanprozess regelmäßig

Die Bewilligung der Hilfemaßnahmen ist zeitlich befristet und eine Fortsetzung muss erneut beantragt werden. Es wird überprüft, ob das, was getan wurde, hilfreich war und wie es weitergehen soll. Zumeist erfolgt die Überprüfung vor Ablauf des Bewilligungszeitraums.
Auch die regelmäßige Überprüfung der Hilfen unabhängig von der Hilfeplanung bietet die Chance für eine Reflexion. Es ist sinnvoll, hilfreich und effektiv, Termine dafür individuell abzustimmen. »Wann treffen wir uns wieder, um zu überprüfen, ob alles so läuft, wie wir es verabredet haben?« ist die Leitfrage.

→ Beispiel   Thomas Richter ist übereifrig und möchte jede Woche mit seiner Betreuerin über seinen Hilfeplan und seine Fortschritte sprechen. Frau Berger kann ihn davon überzeugen, dass das nicht notwendig ist. Sie sprechen bei ihren wöchentlichen Treffen nur über konkrete Probleme und überprüfen den Hilfeplan alle drei Monate. ×

TIPP
Nutzen Sie den Fragebogen zur Zufriedenheit (Arbeitsmaterial 18). Damit kann die Qualität der Hilfen im Gespräch mit dem Menschen mit Unterstützungsbedarf und seinen Angehörigen überprüft werden.

 Risiken und Nebenwirkungen
Versäumt man Überprüfungstermine, können Hilfemaßnahmen zu Selbstläufern und zur Gewohnheit werden. Zu hohe Ansprüche an die Erreichung von Zielen kann Leistungsdruck auslösen, die Überprüfung als Kontrolle empfunden werden.

Die Überprüfung der Hilfeplanung dient der Reflexion. Die Entwicklung des Menschen mit Hilfebedarf sollte gewürdigt und wertgeschätzt werden. Der Überprüfungstermin ist der Beginn für die Fortsetzung der Hilfeplanung. Er ist eine Weichenstellung für die weiterzuentwickelnden Hilfemaßnahmen, die auf dem Erreichten aufbauen.

Verfassen Sie den Hilfeplan und präsentieren sie ihn in der Hilfeplankonferenz

Wir haben uns über den Gesprächsleitfaden (Arbeitsmaterial 2 bis 4) durch das Hilfeplangespräch führen lassen und die Ergebnisse in den Arbeitsmaterialien 5 bis 14 notiert. Dabei haben wir darauf geachtet, dass der Mensch mit Hilfebedarf selbst zu Wort kommt, seine individuellen Formulierungen berücksichtigt und aufgenommen werden. Diese Notizen sind die Grundlage für den Hilfeplan. Das Arbeitsmaterial 10 »Skala zur Einschätzung der Leistungsfähigkeit und zum Schweregrad der Probleme« gibt uns dabei Anhaltspunkte, das Ausmaß der Leistungsfähigkeit und der Probleme zu beschreiben. Mithilfe des Arbeitsmaterials 11 »Umweltfaktoren nach ICF« und Arbeitsmaterials 12 »Personenbezogene Faktoren« werden wir daran erinnert, welche Umfeldfaktoren zu berücksichtigen sind. Bei ihrer Einschätzung hat uns das Arbeitsmaterial 13 »Skala zur Einschätzung der Umweltfaktoren als Förderfaktor oder Barriere« geholfen.

Nun gilt es, die wesentlichen Elemente der Hilfeplanung kurz und bündig sowie in kompetenter Art und Weise in den Hilfeplan zu übertragen und ihn der Hilfeplankonferenz zu präsentieren. Die Begleitbögen (Arbeitsmaterial 17 und 19) sollen dabei helfen. Sie enthalten die zu erwartenden Fragen bei der ersten Vorstellung des Hilfeplans und bei der Wiedervorlage. Die Bögen können den Teilnehmern der Hilfeplankonferenzen eine Struktur bieten, damit nach der Vorstellung des Hilfeplans Zeit bleibt, um Fragen beantworten zu können. Denjenigen, die den Hilfeplan vorstellen, geben sie Orientierung und Sicherheit bei der Präsentation. Mit der Verwendung kann nachgewiesen werden, dass die Hilfeplanung im Sinne einer personenzentrierten Methodik vorgenommen wurde. Die Bögen sind allerdings keine Formulare, die dem Gremium vorgelegt werden.

→ Beispiel Frau Berger präsentiert den Hilfeplan für Thomas Richter. Sie ist unsicher, ihn der Hilfeplankonferenz mit zwölf Teilnehmern vorzustellen. Die Orientierung am Begleitbogen hilft ihr über die Unsicherheit hinweg und sie kann damit die Notwendigkeit der Hilfen gut strukturiert vortragen. Thomas Richter sitzt stolz neben ihr und antwortete nach ihrer Vorstellung selbstbewusst auf Fragen zu seinen Wünschen, Zielen und Problemen. ×

TIPP

Der Begleitbogen vermittelt Sicherheit. Es ist jedoch sinnvoll, sich vorher über Verfahrensweisen, Regeln und Besonderheiten der Hilfeplankonferenz zu informieren.

 Risiken und Nebenwirkungen

Nicht für alle Hilfeplankonferenzen sind mit dem Begleitbogen alle Fragen beantwortet. Arbeiten mit Begleitbögen kann als zu bürokratisch gesehen werden.

Im Hilfeplan müssen die methodischen Schritte des personenorientierten Vorgehen erkennbar sein. Die Vorstellung in der Hilfeplankonferenz wird mithilfe der Begleitbögen strukturierter und effektiver.

Zusammenfassung des Praxisteils mit Hinweisen zur Verwendung der Arbeitsmaterialien

Vorbereitung der Hilfeplanung

- Klären Sie, wer die Federführung für die Hilfeplanung übernimmt.
- Benennen Sie denjenigen als Bezugsperson, der Beziehungskontinuität gewährleisten kann.
- Ermöglichen Sie die Beteiligung des Menschen mit Unterstützungsbedarf.
- Finden Sie heraus, welche Personen für den Menschen mit Unterstützungsbedarf von Bedeutung sind: Wessen Sichtweise ist wichtig? Wer sollte beteiligt werden? Wer wird vom Menschen mit Hilfebedarf nicht gewünscht?
- Bereiten Sie sich auf das Hilfeplangespräch vor:
  - Wie sorge ich für einen guten Gesprächsrahmen?
  - Welche Haltung benötige ich für eine gute Gesprächsführung?
  - Ist es hilfreich, den Gesprächsleitfaden (Arbeitsmaterial 2 bis 4) zu nutzen?
  - Benötigen Sie eine Moderation?
  - Wer schreibt mit?

Durchführung der Hilfeplanung

TIPP
Stellen Sie sich aus den Arbeitsmaterialien eine persönliche Version zusammen, und verwenden Sie die Zusammenfassung des Praxisteils als Deckblatt.

- Folgen Sie methodisch den folgenden Schritten bzw. verwenden Sie die Gesprächsleitfäden (Arbeitsmaterial 2 bis 4).
- Nutzen Sie für Notizen die Checklisten zu den Lebensbereichen (Arbeitsmaterial 5 bis 9).
- Richten Sie die Fragen vorrangig auf die Zukunft aus. Fragen Sie nach Zielen und orientieren Sie die Hilfen daran (bezeichnen Sie es als Leitziele).
- Erfragen Sie die gegenwärtige Lebenssituation.
- Ermitteln Sie die besonderen Fähigkeiten und finden Sie heraus, was der betreffende Mensch ohne große Probleme machen kann. Schenken Sie den Fähigkeiten hohe Aufmerksamkeit und Würdigung.
- Nutzen Sie zur Anregung die Checklisten zu den Lebensbereichen (Arbeitsmaterial 5 bis 9).
- Beurteilen Sie das Ausmaß der Leistungsfähigkeit anhand der ICF-Kriterien (Arbeitsmaterial 10).
- Erfragen Sie, wer oder was bereits hilft, und auf was er sich verlassen kann. Nutzen Sie dazu die Checkliste zu den Umweltfaktoren (Arbeitsmaterial 11).
- Beurteilen Sie den Einfluss dieser Umweltfaktoren als Förderfaktor oder Barriere anhand der ICF-Kriterien (Arbeitsmaterial 13).
  Bringen Sie in Erfahrung, was der betreffende Mensch nicht so gut oder gar nicht kann. Beurteilen Sie das Ausmaß der Leistungsfähigkeit und den Schweregrad der Probleme anhand der ICF-Kriterien (Arbeitsmaterial 10).
- Erfragen Sie, wer oder was ihn daran hindert, so zu leben, wie er möchte und welche Probleme ihn beeinträchtigen, das Leben eigenständig zu führen. Verwenden Sie dazu die Checkliste zu den Umweltfaktoren (Arbeitsmaterial 11) und zu den personenbezogenen Faktoren (Arbeitsmaterial 12).
- Ergänzen Sie die Einschätzung der Umweltfaktoren mit Fragen und Informationen zum Milieu und nutzen Sie dafür das Arbeitsmaterial 14 (Therapeutisches Milieu).
- Erfragen Sie den Umgang mit Krisen (Arbeitsmaterial 15) und Erfahrungen zur persönlichen Lebensgeschichte (Arbeitsmaterial 16). Bringen Sie bisherige Lösungsversuche in Erfahrung.
- Benennen, verhandeln und vereinbaren Sie gemeinsam Ziele. Beachten Sie die SMART-Kriterien bei der Benennung von Zielen.
- Ermitteln Sie den Hilfebedarf erst dann, wenn die bisher genannten methodischen Schritte gegangen wurden.

- Entwickeln, benennen, verhandeln und vereinbaren Sie auf dieser Grundlage die Hilfemaßnahmen.
- Ermitteln Sie die für die Umsetzung notwendige Zeit in Minuten pro Woche.
- Legen Sie die Zeiten und Termine fest, und nutzen Sie diese für die Formulierung exakter Ziele und zur Verabredung der Hilfemaßnahmen.
- Überprüfen Sie den Hilfeplanprozess regelmäßig in gemeinsamen Gesprächen unter Beteiligung aller wichtigen Personen.
- Machen Sie die Methodik der Hilfeplanung zum Konzept der gemeinsamen Betreuungs- und Beziehungsgestaltung.

Verfassen des Hilfeplans

- Tragen Sie Informationen, Ergebnisse und fachliche Einschätzungen aus den Hilfeplangesprächen und den Arbeitsmaterialien in den in Ihrer Region verwendeten Hilfeplan ein. Nutzen Sie dafür die Orientierungshilfen aus den Checklisten zu den Lebensbereichen (Arbeitsmaterial 5 bis 13) und das Arbeitsmaterial 14 (Therapeutisches Milieu). Sie können sich dabei an den Musterhilfeplänen (Arbeitsmaterial 23 und 24) orientieren.
- Nutzen Sie zur Fortschreibung des Hilfeplans den Fragebogen zur Zufriedenheit (Arbeitsmaterial 18).

Präsentation des Hilfeplans in der Hilfeplankonferenz

- Nutzen Sie für die Präsentation des Hilfeplans den Begleitbogen zur Vorstellung von Hilfeplänen (Arbeitsmaterial 17).

Literatur und Internetquellen

Für viele Hilfepläne gibt es Manuale und Handreichungen. An dieser Stelle verzichten wir auf die Auflistung und verweisen auf die entsprechenden Hilfepläne (siehe Übersicht Seite 25).

Aktion Psychisch Kranke (2005): Der personenzentrierte Ansatz. Individuelle Hilfeplanung (IBRP). Bonn.

Aktion Psychisch Kranke: Implementationsprojekte Personenzentrierter Ansatz – Integrierte individuelle Hilfeplanung. www.apk-ev.de/public/projekte.asp?pid=1&bid=24&mod=User [Zugriff: 20.01.2014]

BAUER, H.-J. (2005): Warum ich fühle, was du fühlst. Intuitive Kommunikation und das Geheimnis der Spiegelneurone. Hamburg.

BAUER, H.-J. (2006): Das Prinzip Menschlichkeit. Warum wir von Natur aus kooperieren. Hamburg.

BOSSHARD, M.; EBERT, U.; LAZARUS; H. (2013): Soziale Arbeit in der Psychiatrie. 5. überarbeitete Auflage, Köln.

CIOMPI, L. (1998): Affektlogik. 5. Auflage, Stuttgart.

DÖRNER, K. (1999): Bürger und Irre. Zur Sozialgeschichte der Wissenssoziologie der Psychiatrie. Hamburg.

DÖRNER, K. (2007): Leben und Sterben, wo ich hingehöre. Neumünster.

DÖRNER, K. (2008): Die Wiedergewinnung des sozialen Raumes. In: Landschaftsverband Rheinland (Hg.): Gemeinsam unterwegs zu unseren Zielen. Köln, S. 26–29.

DÖRNER, K. (2010): Nur Bürger integrieren Bürger. In: Soziale Psychiatrie, Heft 128, 3/2010.

GRAMPP, G.; JACKSTELL, S.; WOEBKE, N. (2013): Teilhabe, Teilhabemanagement und die ICF Psychiatrie. Köln.

GROMANN, P. (2013): Mit Teilhabeplanung zu einer individuellen ambulanten Versorgung. Fuldaer Schriften zur Gemeindepsychiatrie Band 2. Köln.

GROMANN, P. (2011): Teilhabeplanung als Herzstück koordinierender Prozessbegleitung. In: Rosemann, M.; Konrad, M.: Handbuch Betreutes Wohnen – Von der Heimversorgung zur ambulanten Unterstützung. Bonn, S. 76–87.

HAMMER, M.; PLOESSL, I. (2012): Irre verständlich. Köln.

HIDDING, J.; STRUBE, E. (2008): Mein eigener Hilfeplan – Jetzt kann ich mitreden! In: Heß, G.; Kagemann-Harnack, G.; Schlummer, W. (Hg.): Wir wollen – wir lernen – wir können! Erwachsenenbildung, Inklusion, Empowerment. Beiträge, Positionen und Weiterentwicklungen der Internationalen Fachtagung Erwachsenenbildung und Empowerment an der Universität zu Köln, 20. bis 22. September 2007. Marburg, S. 162–165. www.geseb.de/download.php?id=31 [Zugriff: 31.01.2014]

Hurraki – Internetwörterbuch in Leichter Sprache: http://hurraki.de/wiki/Hauptseite.

Individuelle Behandlungs- und Rehaplanung – IBRP-Online: www.ibrp-online.de.

ICF: Deutsche Übersetzung der ICF: www.dimdi.de/static/de/klassi/icf. [Zugriff: 20.01.2014]

JANSEN-KAYSER, K. (2013): Zwischen passgenauer Hilfe und Fachleistungsstunden: Der Hilfeplan. In: Bosshard, Marianne u.a.: Soziale Arbeit in der Psychiatrie. 5. überarbeitete Auflage, Köln, S. 423–433.

LAMPKE, D.; ROHRMANN, A.; SCHÄDLER, J. (Hg.) (2011): Örtliche Teilhabeplanung mit und für Menschen mit Behinderungen: Theorie und Praxis. Heidelberg.

Landeswohlfahrtsverband Hessen: Instrumente zur Hilfeplanung im Verfahren Betreutes Wohnen: www.lwv-hessen.de/webcom/show_article.php/_c-395/_nr-3/i.html. [Zugriff: 20.01.2014]

Landschaftsverband Rheinland (LVR): Informationen zum personenorientierten Hilfeplanverfahren beim LVR: www.lvr.de/de/nav_main/soziales_1/menschenmitbehinderung/wohnen/hilfeplanverfahren_2/hilfeplanverfahren_5.html. [Zugriff: 20.01.2014]

Landschaftsverband Westfalen-Lippe (LWL): Informationen zum personenorientierten Hilfeplanverfahren beim LWL: www.lwl.org/LWL/Soziales/Behindertenhilfe/hilfeplanverfahren. [Zugriff: 20.01.2014]

Landschaftsverband Rheinland (Hg.) (2007): Leben wie es uns gefällt – selbstständiges Wohnen mit ambulanter Unterstützung im Rheinland. Köln.

Landschaftsverband Rheinland (Hg.) (2008): Gemeinsam unterwegs zu unseren Zielen – Fachtagung anlässlich der Verabschiedung von Herrn Klaus Heuser. Köln.

Landschaftsverband Rheinland (Hg.) (2012): Guter Plan – Gute Hilfe. Infos zum individuellen Hilfeplan für Menschen mit Behinderung im Rheinland (inklusive Wörterbuch in Leichter Sprache). Köln.

Ministerium für Arbeit, Soziales, Gesundheit, Familie und Frauen Rheinland-Pfalz: Hilfeplanung in Leichter Sprache. http://msagd.rlp.de/soziales/individuelle-teilhabeplanung. [Zugriff: 20.01.2014]

Nationale Kontakt- und Informationsstelle zur Anregung und Unterstützung von Selbsthilfegruppen (NAKOS): www.nakos.de.

Netzwerk People First Deutschland e.V.: www.people1.de.

OELSNER, W. (2008): Das Rheinische in der Sozialverwaltung. In: Landschaftsverband Rheinland (Hg.): Gemeinsam unterwegs zu unseren Zielen. Köln.

Persönliches Budget. www.budget.paritaet.org.

ROSEMANN, M.; KONRAD M. (Hg.) (2011): Handbuch Betreutes Wohnen. Köln.

SCHULZE-HÖING, A. (2012): Pflege von Menschen mit geistigen Behinderungen: Pflegebedarfsanalyse, Planung, Dokumentation gemäß H.M.B.-W-Hilfeplanung. Stuttgart.

SCHUNTERMANN, M.F. (2013): Einführung in die ICF. Grundkurs, Übungen, offene Fragen. Landsberg.

Sozialgesetzbücher: www.sozialgesetzbuch-sgb.de.

Statistisches Bundesamt (2013): Statistik der Sozialhilfe. Eingliederungshilfe für behinderte Menschen. www.destatis.de/DE/Publikationen/Thematisch/Soziales/Sozialhilfe/Eingliederungshilfe_Behinderte5221301107004.pdf?__blob=publicationFile [Zugriff 31.01.2014]

THEUNISSEN, G.; SCHWALB, H. (Hg.) (2012): Inklusion, Partizipation und Empowerment in der Behindertenarbeit: Best-Practice-Beispiele: Wohnen – Leben – Arbeit – Freizeit. 2. Auflage, Stuttgart.

WATZLAWICK, P. (2011): Man kann nicht nicht kommunizieren. Bern.

Danksagungen

Ein besonderer Dank gilt den Menschen, die sich hinter den Fallbeispielen verbergen und all denen, für die sie stellvertretend stehen. Wir nehmen die zwischenmenschlichen Austauschprozesse sehr ernst und können mit Überzeugung sagen, dass wir über den Kontakt mit ihnen unsere eigenen Fähigkeiten, mit anderen Menschen gute Kontakt- und Kommunikationswege zu finden, entwickeln durften.

Allen Teilnehmern und Teilnehmerinnen der Schulungen zur individuellen Hilfeplanung möchten wir ebenfalls herzlich danken. Nicht nur wir haben unsere Erfahrungen und unser Wissen zur Entwicklung eines geeigneten Umgangs mit der Hilfeplanung eingebracht. Immer gab es einen offenen, herzlichen und kollegialen Austausch, der immer wieder zur Verbesserung der Arbeitsmaterialien beigetragen hat. Uns sind die Teilnehmer der Fortbildungen als engagierte und aktive Menschen begegnet, die mit uns die personenzentrierte Sichtweise auf die individuelle Hilfeplanung zu teilen bereit waren.

Autor und Autorin

Thomas Schreiber, 1960 in Solingen geboren, war von 1985 bis 2009 als Diplom-Sozialarbeiter beim Psychosozialen Trägerverein Solingen e. V. beschäftigt, seit 1990 als Wohnbereichsleiter und stellvertretender Vorsitzender.
Im April 2009 zog er nach Kranenburg im Kreis Kleve und gründete sein freiberufliches Unternehmen »mitschreibershilfe«. Sein Angebot umfasst Tätigkeiten für Einrichtungen und Dienste der Eingliederungshilfe und des Gesundheitswesens, die er seit 2002 bereits nebenberuflich ausgeübt hat: Fortbildungen zu den Themen Hilfeplanung, Borderline und Persönlichkeitsstörungen verstehen sowie Körperarbeit als Hilfe zur persönlichen Balance und Professionalität.
Er ist darüber hinaus als selbstständiger Anbieter im Bereich der Hilfe zum selbstständigen Wohnen im Rahmen der Eingliederungshilfe für Menschen mit Behinderungen nach §§ 53, 54 SGB XII im Kreis Kleve tätig, gibt Supervision und arbeitet als Körperpsychotherapeut in einer Gemeinschaftspraxis in Nijmegen/NL.
E-Mail: info@mitschreibershilfe.de
Internet: www.thomas-schreiber.eu

Christiane Giere, 1977 in Halberstadt geboren, arbeitete nach dem Studium der Rehabilitationspädagogik im Assistenz- und Betreuungsdienst für Menschen mit körperlicher und geistiger Behinderung, seit 2004 als Gruppenleiterin einer Wohngemeinschaft in Hessen. Seit der Geburt ihrer Töchter arbeitet sie als Hilfeplan-Koordinatorin im Heilpädagogischen Netzwerk des Landschaftsverbandes Rheinland in Langenfeld. Hier begleitete sie die Einführung des IHP 3 und die Erarbeitung von einrichtungsinternen Standards zur individuellen Hilfeplanung. Christiane Giere lebt mit ihrer Familie in Gruiten.
E-Mail: christiane.giere@lvr.de

Gerd Grampp, Nils Wöbke, Susanne Jackstell
Teilhabe, Teilhabemanagement und die ICF
BALANCE Beruf
ISBN Print: 978-3-86739-080-4
ISBN PDF: 978-3-86739-760-5
240 Seiten, 34,95 Euro

»Die Hilfeplangespräche sind sehr anstrengend und nervig!« Menschen mit Behinderungen sind nicht immer zufrieden mit der Art und Weise, wie Hilfeplanung gestaltet wird und wie sie darin einbezogen werden. Das zeigt dieses Zitat aus einer Evaluation von Hilfeplangesprächen durch Leistungsberechtigte in einem schleswig-holsteinischen Kreis. Gerd Grampp, Susanne Jackstell und Nils Wöbke tragen mit ihrem Buch »Teilhabe, Teilhabemanagement und die ICF« ganz wesentlich dazu bei, dass sich das künftig ändern könnte. (...) Durch die Kombination von theoretischen Grundlagen und praxisbezogenen Instrumenten ist das Buch für alle Einrichtungen und Fachkräfte von Interesse, die Teilhabe planen und Teilhabeleistungen erbringen. Dabei bekommen Vertreter der Leistungsträger wichtige Impulse für die Gestaltung von Hilfeplanungsprozessen, die für Menschen mit Behinderung wirklich hilfreich sind. Fachkräfte bei den Leistungserbringern erhalten Anregungen für eine systematische, ICF-basierte Gestaltung des Teilhabemanagements, wobei die ICF ihre bisweilen abschreckende Wirkung durchaus verliert. Und die Leistungsberechtigten profitieren von den Materialien und der Zusammenfassung des Buches in Leichter Sprache. Das Buch leistet eine präzise Auseinandersetzung mit dem Teilhabemanagement und eine wichtige Hilfestellung für die Übertragung in die Praxis. Die ICF soll auch zur Herstellung von mehr Chancengleichheit für Menschen mit Behinderungen dienen. Dieses Buch ist ein Beitrag dazu. Damit Hilfeplangespräche künftig nicht mehr anstrengend und nervig sind!
Irmgard Plößl, Stuttgart in der Psychosozialen Umschau 4/2013

BALANCE buch + medien verlag
Internet: www.balance-verlag.de • E-Mail: info@balance-verlag.de

Zeitfracht Medien GmbH
Ferdinand-Jühlke-Straße 7,
99095 - DE, Erfurt
produktsicherheit@zeitfracht.de